JN112225

誰も教えてくれない
製造業DX
成功の秘訣

株式会社 T Project
荒谷 茂伸 [著]

日刊工業新聞社

■ はじめに

　日本の製造業と聞いて、皆さんはどのような印象を持たれるだろうか。自動車で世界一の生産台数を誇るメーカーもある。半導体デバイスでは、かつての世界トップから今ではシェアが1割前後にまで落ちてしまったが、製造装置や素材では高い競争力を持つ。全体として、かつてほどの存在感は残念ながら示せていない一方で、モノづくりが日本の産業の基盤をなしていることは間違いない。しかし、いつまでもモノづくり大国の座を維持できるかというと、実際には予断を許さない状況にある。

　スイス・ローザンヌに拠点を置くIMD（国際経営開発研究所）が2023年6月に発表した「国際競争力ランキング2023年版」によれば、日本の総合順位は前年よりランクが一つ低い35位だという。1989年のバブル経済時代には国際競争力で首位を誇っていたものの、金融不安に苛まれた1997年以降、坂道を転がり落ちるかのように順位を落とし、2019年以降は30位台が続いている[1]。
　このデータは製造業だけを対象とした競争力ランキングではないものの、産業全般での「ビジネス効率性」は世界47位、その中の「生産性・効率性」は54位と低迷状態。「デジタル化を活用した業績改善」に至っては61位と下位にとどまっている。

　声を大にして言いたいのは、ここに日本の製造業が復活するヒントがあるということだ。特に製造業でのIT活用で、日本はかなり遅れが目立つ。だからこそ、ITやデジタル化のパワーで再び飛躍するチャンスがまだ残されている。
　私は国内のIT業界に、30年もの長きにわたり身を置いて来たが、2019年12月に「TULIP（チューリップ）」という米国発の製造現場向けソリューションに出会ったことがあまりに衝撃的で、人生の転機ともなった。それ以降、世界一効率的だと信じていた日本の製造業の工場が実は無駄が多く、デジタル化やDX（デジタルトランスフォーメーション）を推進するための人材も限られ、社内体制も整っていないことを目の当たりにし、改革の必要性を強く感じるよ

1

うになった。

　なお本書でも文中でTULIPや、TULIPの国内販売・サポートを行う㈱T Projectについて触れながら説明していく。TULIPの詳細な説明については第4章に譲るが、このTULIPは、プログラミング言語を知らない人でもグラフィカルな形式でアプリケーションが組める「ローコード」を採用し、現場の課題やニーズに応じたアプリが手軽に作れるようになっている。現場作業のための手順書作成ツールではなく、いわば製造業向けDXを実現するプラットフォームとして機能するのが本来の役目だ。

　本書では内容の理解を深めるために、関連情報の掲載先としてQRコードを表示した。ただし、発行時点での情報であり、将来は変更される場合があることをご理解いただきたい。

　会社全体のITインフラを整えていく中で、製造業の皆さんがこのTULIPを使って現場のデータを自分たちで見える化し、分析し、現場からDXのムーブメントを起こしていくことで日本の製造業の復活に貢献できればと願っている。

著　者

2

誰も教えてくれない
製造業DX成功の秘訣

目　次

第1章
なぜ、デジタル化が実現できないか

第2章
日本の製造業でデジタル化の実現に必要なことは

第1章

なぜ、デジタル化が実現できないか

1-1 デジタル化とDX

　経済産業省をはじめ産業界でも「DXをやらなくてはダメだ」「DXに対応しないと国際競争に乗り遅れる」という声がこのところ強まっている。DX（デジタルトランスフォーメーション）が一種のバズワードとなり、当然ながら製造業の間でもDXが大きく意識されるようになった（**図1-1**）。

　しかし、大手も含め国内製造業の現場を訪ねてみると、DXに行くその前の段階にとどまっていることに驚かされる。まず「紙をなくす」「手作業をなくす」ということすらまったくできていない。一番の理想は現場のプロセスをすべてオートメーション化し、ロボットを入れて対応することだとは思うが、すべて自動化しようとすると設備コストや運用コストが非常に高くなり、現実的ではない。それでも、DXに向けた第一歩として、現場から紙をなくすことをやらなければいけないと思っている。

単なる紙情報のデータ化を越えて

　DXの内容をわかりやすくするために、カーナビの例を考えてみよう。私が大学生のとき初めて自動車を運転した頃は、車に紙の地図を載せておいて、行き先や新しくできた道路、警察の取り締まり場所などを地図上に手書きでメモしていた。当然ながら、今のカーナビのような目的地の検索はできないし、到着時間も想定できなかった。

　1980年代にカーナビが登場すると、GPSで自分の車の所在地をトラッキングしながら、画面の地図上に車の位置を表示するようになった。ただ、地図情報はカーナビ本体に内蔵されたものだけだ。そのため実際に新しい道ができても、カーナビの地図情報はアップデートされなかったものの、場所の検索も可能になり、目的地への到着予想時間も教えてくれる。その次の段階でSDメモリーカードなどのメディアを介して、地図情報がマニュアルで更新されるようになった。

　2010年代以降はさらにカーナビ技術が進み、クラウド経由で最新の地図に

図1-1　DX化へのシフト

アクセスできるようになった。それどころか、スマートフォン関連技術が急ピッチで進展していることから、海外の自動車メーカーの中には「自分たちでわざわざカーナビを作る必要はない。グーグルマップで十分」と判断し、グーグルが主にスマートフォン向けに提供しているアンドロイドOSをダッシュボードのインフォテインメントシステムに搭載した車も増えてきている。

　私が車の運転を覚え立ての頃、つまり地図が紙の時代には、地図を見ることによってしか目的地の場所やそこまでのルートなどの情報を調べる方法がなかった。それがカーナビやデジタル地図の時代になり、行きたい場所をユーザが自由に検索できるようになった。しかも道路情報だけでなく、途中にどんなレストランや店舗があるかといった情報まで地図上に盛り込まれ、検索されたデータもクラウド側にどんどん蓄積され、リアルタイムの道路状況や地域ごとのマーケティング分析などに使えるようになってきている。

　カーナビの事例を通して何が言いたいかというと、最新の情報はクラウドに集まっているということ、そして集められた大量のデータは分析などに活用できるということだ。単に地図情報をデジタル化するだけでなく、ユーザのデー

タを収集し分析することで、業務の大幅な効率化や新しいサービスやビジネスモデルといった価値を生み出すトランスフォーメーション（変革）につながっている。

　かたや工場でよく見られるA3サイズの作業指示書の例では、内容をデジタル化して画面表示すれば確かにペーパーレスにはなるかもしれないが、画像情報なのでデータ収集や分析には使えない。検索にも対応できない。

　とはいえ、DXを何とか進めたい、実際に工場の中で紙がたくさん使われている中で、コンサルタントなどに「DXを進めるにはデータを解析しなければいけない」と言われても、なかなかついて行けない人が多いことだろう。本来であれば、製造業とITの両方がわかる人を社内で増やしていくのがベストだが、日本は将来労働人口が減っていくのが確実なのでそれは難しい。では、どうすればいいのかというと、製造業の中でITを理解する人を育成していくというのが一番の近道だと思う。

■ IT活用を機に抜き返された日本製造業

　米国も欧州も、欧州はドイツが中心になると思うが、かつては日本の前に製造業で世界をリードしていた国であり地域だった。それが、日本に追い抜かれて「どうすれば勝てるか」、それこそ死に物狂いで取り組んだ結果、ITを活用した製造業で盛り返し、今やデジタルモノづくりの分野で日本は欧米にリードされつつある。そうしたことから、日本でITを活用しない製造業は確実に競争力を失っていくだろう。

　引き続き、将来にわたって日本品質を維持していくためには、データ化とデータ分析ができるような体制を作っていかなければならない。ソフトウェアを採用する場合でも、日本での規制に合わせて日本市場向けに作られたものよりも、世界で普及しているグローバルスタンダードのソフトウェアを採用した方が有利だと考える。なぜならば、何十億人の市場をターゲットに作られているので競争力がまったく違う。ユーザ数が多いため、エコシステムが段違いに大きく、ソフトウェアのアップデートや機能追加のスピードも速い。

　さらに、日本の下請けの工場としてやってきた東南アジアのメーカも台頭し、電気自動車（EV）で自社ブランドを確立する動きなども出ている。その好例が、ベトナム最大の財閥であるビングループが2017年に創業した「ビンファスト・オート（VinFast Auto）」だろう。当初はエンジン車を作っていた

が、2022年には全面的なEVシフトを宣言。特別目的会社（SPC）との合併により、2023年8月14日に米国のナスダック市場に上場した。

また中国でもBYD（比亜迪）のEVは自国内に加え、特に欧州市場で評価が高い。日本市場でも2023年1月にSUVの「ATTO3」を発売し、市場参入を果たした。EV用電池では中国のCATL（寧徳時代新能源科技）が急成長し、世界最大手となっている。

EV開発で活躍するITエンジニア

先進国でも、例えばEVで世界最大手の米テスラでは従来の車メーカのイメージを覆すかのように、最先端の技術をEVに適用すべくたくさんのITエンジニアが活躍している。よく知られている例として、車が夜ガレージに入っている間に、車載ソフトウェアが無線通信で自動的にアップデートされ、新しい機能が使えるようになるOTA（Over The Air）という方式をいち早く導入し、世界を驚かせた。

テスラの先進的な取り組みは、車載ソフトウェアの自動更新にとどまらない。ビジネススピードが速い会社なので今後に若干不透明さは残るものの、EVの充電方式をめぐり、米国ではテスラが推進する方式が優勢となっている。フォード・モーターやゼネラル・モーターズ（GM）といった米国勢ばかりでなく、ドイツのメルセデス・ベンツ、そして日本の日産自動車、ホンダが次々にテスラ方式の採用を表明した。

日本勢は米国市場でも日本方式の「CHAdeMO（チャデモ）」の普及を進めていたものの、米国内に設置された急速充電設備のうち10％台の普及率にとどまり、過半数を占めるテスラの「NACS」方式に対応せざるを得なくなった。その結果、何が起こるかというと、テスラの充電網を通して他社製EVの走行状況や充電履歴といったデータに、テスラがアクセス可能になるのではと見られている[2]。

「データは新しい石油」の時代

よく言われるように「データは新しい石油」の時代にあって、EVの生の運行データの価値は非常に大きく、いわば「宝の山」（図1-2）。EV本体や車載電池の改善にも役立つと見られている。世間では、バッテリーで走るEVはガソリン車の駆動機関を電動モータに置き換えただけ、と認識している人も多い

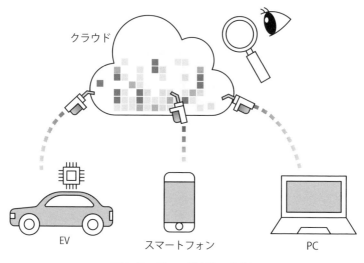

クラウド

EV スマートフォン PC

図1-2 データは新しい石油

が、これは半分間違いと言える。

　EVは「走るコンピュータ」であり、「走るスマートフォン」でもあり、そこで主役となるのは電池でありデータだ。テスラが以前から提供しているWi-Fiや、車の無線データ回線を通じて制御ソフトウェアを更新するOTAサービスは、バッテリーを長持ちさせたりブレーキの効きを良くしたり、EVの機能や性能を高めたりできる。こうした車はソフトウェア・ディファインド・ビークル（SDV：ソフトウェアで定義された自動車）とも呼ばれるが、大量の収集データとデータ解析がそれを支える。つまり製品の運用データなしでは、市場競争に勝てないという時代になっている。

　EVに限らず製造業におけるITのフル活用は待ったなしであり、さらに日本の製造業の地位や魅力を向上させないと、IT人材も製造業に入ってこない（**表1-1**）。単に給与水準の問題だけではなく、その会社に入れば最先端の技術を使ったプロジェクトに関わることができるというような魅力を、ITエンジニアは求めていると思う。

　何もテスラのやり方を真似する必要はないが、日本の製造業はデータの利活用によって新たなフロンティアを切り開くべく、高い志を持ってITやDXに取り組んでいかなければならない。

表1-1　エンジニア学生による就職希望ランキングの例

エンジニア学生対象　就職希望企業ランキング TOP30

1	ソニーグループ株式会社	16	富士通株式会社
2	株式会社サイバーエージェント	17	日本電気株式会社
3	株式会社NTTデータグループ	18	Sky株式会社
4	LINEヤフー株式会社	19	パナソニック株式会社
5	株式会社ディー・エヌ・エー	20	日本アイ・ビー・エム株式会社
6	グーグル合同会社	21	SCSK株式会社
7	楽天グループ株式会社	22	Sansan株式会社
8	株式会社野村総合研究所	23	サイボウズ株式会社
9	アクセンチュア株式会社	24	合同会社DMM.com
10	株式会社メルカリ	25	Apple Japan合同会社
11	任天堂株式会社	26	freee株式会社
12	トヨタ自動車株式会社	27	伊藤忠テクノソリューションズ株式会社
13	株式会社リクルート	28	KDDI株式会社
14	アマゾンジャパン合同会社	29	株式会社CARTA HOLDINGS
15	株式会社NTTドコモ	30	株式会社セガ

「サポーターズ」利用企業を中心にエンジニア学生が1〜5位を投票し、ポイント化して集計
出所：「2025年卒エンジニア学生対象 就職希望ランキング（2023年10月時点）」、株式会社サポーターズ

1-2 紙業務をなくせない理由は?

　DX推進に向け、「紙をなくすことから始めましょう」と顧客企業にいくら強調しても、理解がなかなか進まず、逆に日本人の器用さがデジタル化とDXの阻害要因となっている部分もある（**図1-3**）。例えば現場の製造工程では、細かな作業手順や部材などの情報が盛り込まれたA3サイズの紙の製造指示書がよく使われている。一部の企業では工場のデジタル化を進める一環で、こんな要望を当社に投げかけてきた。「これまでの紙の製造指示書のやり方を残したいために、製造指示書をタブレット画面に表示するアプリを作ってほしい」というのだ。

　さすがに、「それはあまり意味がないですよ。ペーパーレスのために紙をPDFにするのと同じですよ」と先方には伝えたのだが、デジタル化の本質である情報をデジタルデータ化すること、そしてそれを検索や分析といった手法で活用していくことの重要性が、モノづくり企業の間で共有されていないという事実に改めて驚かされた。DXに進むためのデジタル化が日本の産業界ではいまだできていないのでは、と非常に危惧している。

人手が掛かるところに紙は残る

　それでは、デジタル化やDXに対する製造業の関心が高いにもかかわらず、なぜ企業は紙の業務をなくせないのか。

　理由を考えると、実際にはデータの活用までまだ意識が及んでいないのかもしれない。それには仕方がない部分もある。製造業の現場作業者は、どうやってモノを作るかという部分に最大限注力しているため、ITのことをきちんと理解している人は少ない。デジタル化とは、単にアナログの情報をデジタルにすることではなく、「データとして保管しましょう」ということだとわかっていないのだ。

　古い話で恐縮だが、日本では1950年代以降、企業が海外との情報をやり取りするのに専用端末の「テレックス」を使っていた。それが次第に国際電話やEメールに置き換わっていったわけだが、前の会社に勤めていたとき、私の当

14

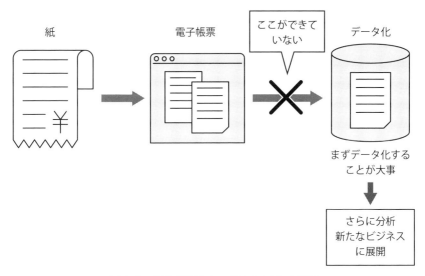

図1-3　紙の帳票をなくせないことの限界

時の上司が「メールはなるべく短く打ちなさい」と指導していた。実はかつて
テレックスを使っていた人なので、通信費を削減するため文字数を少なくせ
よ、という意図だったようだが、これは明らかな誤りだ。メールはテレックス
とは違い、文字が少なかろうと多かろうとお金がかからない（**図1-4**）。

　スマートフォンの利用が当たり前になり、電子マネーやバーコード決済で買
い物をするようになった現代でも、一部似たような例が残っている。例えば銀
行でのやりとり。紙の通帳や印鑑登録はいまだ健在で、デジタル化に不慣れな
高齢者世代を中心に根強い需要がある。実際には、通帳はウェブ経由で閲覧で
き、ATMもスマホで操作できてしまう時代に我々は居るのだが…。突き詰め
れば紙や印鑑ではなく、それらの内容や信頼性を保証するデータが重要なの
だ。

　長年にわたって染みついた習慣や考えを変えるのは難しい。でも、手段が変
われば、手段の使い方も変わる。

　スマホやインターネットの利用で一般社会から紙でのやりとりが激減してい
るのに、どうして製造業の現場から紙をなくせないのか。「人手を介すから紙
が必要になる」「業務がどんどん変わるからデジタル化するのに耐えられな
い」、あるいは「やり方を変えるのが面倒くさい」「現場がついていけない」と

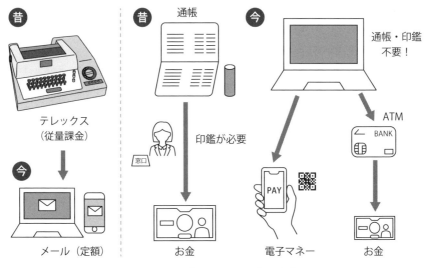

図1-4 お金を下ろす所作の変化

いった理由で紙が残っているケースが多いと思われる。つまり、反対するのに合理的な理由はなく、やっていない、やりたくないだけ。変革に向けた社内の意識の欠如がデジタル化を阻んでいる、とも言える。

データの可視化を妨げるもの

　次に、工場の現場で使われている紙の製造指示書について、もう少し掘り下げてみよう。

　今はビジネス環境が急速に変化してきていることもあり、一回作成した製造指示書を毎回更新するようなことは、製造業でもあまりやっていない。その都度手書きで情報を追記したり、「この部分は○○さんに要確認」と書き込んだり、という形をとっている。

　製造指示書はその名の通り作業内容を指示するもので、これ自体はデータではない。「何々を測定して品質情報を保管しましょう」とか、「製品の写真を撮影してデータ交換する」といった製造工程での手順が書いてある（**図1-5**）。

　例えばA3の紙の指示書に10種類の内容が入っているとすると、これをデジタル化した指示書では10回データを保存する必要がある。そこで、「1回目の作業でこのデータを残しました」「2回目の作業でこれを残しました」という

わかりやすい絵	自工程		前工程	
	メッキ		プレス	
	品番	123456		
	品名	ブラケット		
	収容数	5	パレット	4A	発行枚数	1/7
	いつまで	7/1	個数	20

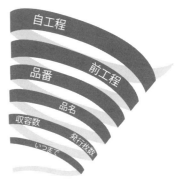

図1-5　変わる製造指示書

ように検索をして、トラブルがあったら関連するデータが表示されるようにしなければ本来はいけない。

　ただ紙の製造指示書をもとに作成したA3サイズのデジタル製造指示書は、イメージで保存する形になっている。つまり紙で検索ができないのと同じように、ペーパーレス化しただけでは検索するのは無理。紙がなくなっただけの効果はあるにしても、データ活用にはつなげられない。

　情報を書いた紙はそもそもデータではない。紙をスキャンしてデジタル化するアプローチでも、DXにはなかなかつなげられない。製造指示書に書いてある指示を実行したとしても、それに対応するデータがないためだ。こうした仕組みを導入する企業では、「次に何をしたらいいかわからない」と困っているのが現状ではないか。

　これに対し、ロボットや工作機械といった工場設備の稼働データはきちんとした形で出力される。本来はデータを自動的に収集すれば問題ないはずが、中にはシステムとしてそこに人を介在させる現場もある。そこでは、例えば「マクロ」で1回計算してシステム入力するようなことがなされ、トラブルにつながってしまうようなケースも見受けられる。つまり、人手を介すことがデータの可視化を妨げているのだ。

　ちなみに「マクロ」とは、「エクセル」などのアプリケーションソフトで関連する複数の操作や手順、命令などを一つにまとめ、必要なときに呼び出せるようにした拡張機能のことを指す。

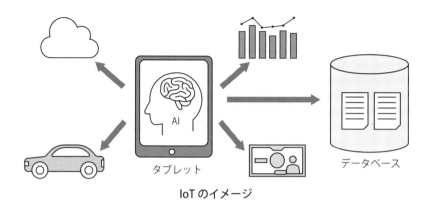

IoT のイメージ

図1-6　新しい技術の利用

重みを増すデータ分析のインパクト

　データの分析結果をもとに、課題解決のための実行計画立案やビジネスの意思決定を行う「データドリブン（Data Driven）」という考え方が最近主流になりつつある。データドリブンとは、かつてのように勘や経験だけに頼るのではなく、各種データの分析結果に基づいてビジネスでの課題解決のための施策立案や意思決定などを行う業務プロセスを言う。

　データドリブンが喧伝される一方で、組織的な問題を抱えている企業も多い。製品・サービス別や業務別に行き過ぎた縦割り状態や、組織や情報が孤立した状態で互いにデータを共有できない「サイロ化」といった現象だ。こうした状況に陥ることなく、きちんとデータを収集し、活用できる形で保管することがまず重要になる。

　現状、紙の製造指示書を使い、現場の加工設備と情報システムとの間に人が介在することは、特段問題にならないかもしれない。だが、このままの速いスピードでビジネスが進んでいくとどうなるかわからない。

　人間が書いたものと遜色ない滑らかな文章を、ユーザの要望に応じてあっという間に作成する対話型生成人工知能（AI）の「チャットGPT」も2022年11月に発表されて以降、企業利用を含めて瞬く間に世界中に広がった。AIをはじめとするITのイノベーションは突然どこからともなく現れ、あっという間に世界の風景を変えるパワーを持っている（図1-6）。

　果たして10年後に紙を使って製造現場を効率的に運用していけるのかどうか。競争力を保てるのか――。危機感を抱く行政や製造業の関係者は多い。

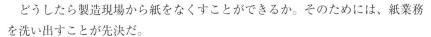

1-3 紙業務を洗い出せ！

　どうしたら製造現場から紙をなくすことができるか。そのためには、紙業務を洗い出すことが先決だ。

　もし工場での情報を、紙に記録してすぐに捨てるような運用をしているとすれば、そもそも紙に書く必要はない。現場の人たちは、なぜ紙に手順や情報を書いて使っているのか、あるいは書かされているのかをまったく理解していない可能性もある。しかし、紙業務を洗い出すことにより、紙で情報を保管することの意味をもう一度考え直すきっかけになってもらえればと思う。

　そもそも、紙による業務をそのまま電子化してもDXにはつながらない。紙業務が存在するということはデジタルデータができていない、ということを意味する。DXに向けては、紙をPDF化してペーパーレスにすることよりも、データ活用を目指すことの方が何倍も重要になる。

電子帳票化と電子データ化の違い

　日本には紙と同じような扱いで、電子帳票システムというものが存在する。単純に紙を電子帳票に置き換えたようなものが多いのだが、中には「表計算ソフトのエクセルがあれば、簡単にデジタル化が実現できます」と謳っている電子帳票システムもある。ただし、それはデータを利活用するための仕組みではなく、「製造指示書をデジタル化するだけ」という点に注意したい。

　現場から紙をなくそうという目的から入っていくのであれば、こうした電子帳票システムも十分効果を発揮すると思われる。だが、データを収集して分析するということになると、電子帳票システムでは不十分だ。

　デジタル化を進める際に、例えば手書きでデータを記録しておいて、後からそれらを再入力するようなやり方も考えられる。ただし、あまりお勧めはできない。人手を介すると効率的ではないし、入力内容を抜かしたり間違ったりする場合もある。第一、リアルタイム性が失われてしまう。そのため紙業務を洗い出した上で、そこに書かれている内容をデータとしてリアルタイムに自動で収集・入力・活用できる仕組みを一緒に作っていった方がいいだろう。

工場の現場の人たちが「何から手をつければいいかわからない」と言う場合は、まずはデジタル化されていない紙業務の部分に着目し、データ化に取り組んでみてはどうか。

　いったんデータを取り始めると、時間の経過とともに必要なデータがどんどん蓄積されてくる。ただ、工程の中に1枚でも紙があれば、そこでデータが分断されてしまう。つまり、工場にある手書きのものと紙のデータを、すべてデジタルデータ化するのがDXを進める上での一番重要なポイントになる。

　余談だが、日本にはハンコの文化が根強く残っている。電子申請や社内の電子稟議で実際の押印をなくし、電子書類の見た目だけ担当者の押印マークをつけたとしてもあまり意味はない。契約書や電子申請などのシステムの中で、担当者の押印マークなりサインがデータとして扱えることが重要で、誰がいつ、その内容を承認したということがデータとして残らなければいけない。

　工場の中もまったく同じだ。データにインデックス（索引）をつけながらリアルタイムでデータを収集し、より精度の高い分析をしていくことが紙業務を洗い出すことの本質と言える。

■「保管」から「取り出せる」へ

　実際には工場現場で、紙からデジタルに一気に切り替えるのが難しい、と言うケースは多いかもしれない。紙に残すのは記録として保管が必要とか、システムに再入力するとか、品質保証のため何年間保管し続けなければならない、といったルールや目的が社内にあったりする。いずれにしても工程の中で紙がどう使われているのか、データの流れを見極めることが重要になる。

　もともと情報を紙で保管するのは目的があったためなのだが、情報のやり取りを長年紙で続けていることによって、その目的が形骸化されている側面も出てきていると思う。例えば過去に遡って紙を調べても、そのデータを分析するのが難しいと思われるためだ。製薬メーカへ営業に行った際に聞いた話では、医薬品の品質管理データは永久保存とのことだ。確かに古い医薬品も世の中に残されているかもしれないが、だからと言って「80年前の紙の記録を見てみましょう」ということは通常あり得ないのではないか。

　デジタル化の第一歩として、紙の代わりに単にPDF化するのではなく、大量の情報の中からきちんとインデックスをつけて、データを取得できるような仕組みが必要になる。

1-4 紙業務をなくす目的は

　紙をなくす目的は何なのか、目的ありきでないとなかなか前に進めない。いわば会社の紙業務自体を「棚卸し」することによって、紙をなくすための目的が明確にできると思う。

　日本は中小製造業を含めて、素晴らしい技能やノウハウを持った熟練社員を抱えている会社が多い。ところが、こうしたベテラン技能者の持つ職人芸も、言語化されない知識として徒弟制度のような形で伝承されているケースが多い。こうした「暗黙知」を他の社員みんながわかるような状態にしておかないと、ベテランが突然いなくなった場合や新しい社員が入ってきたときに、工場の作業ができなくなるリスクがある。

　ある大手電機会社の国内工場では生産ラインに作業分析用のカメラとAIソフトウェアを導入し、ベテラン技能者のワザを参考にしたり、未熟練者の手作業での時間ロスや不具合などの要因特定を行ったりすることで、生産性向上につなげている。特に作業者の骨格の動きに着目したのがポイントで、骨格情報は身長や体格などによる差がほとんどないためだとしている。もちろん、ここでは紙によるやり取りは必要としない。

　骨格の動きをだけを見比べることで、製造工程の繰り返し作業を簡単に比較できるようになり、カメラ画像を使って新人作業者が目標とするベテランに近づくための評価や自己訓練も行いやすい。生産ラインでの人手作業というアナログ的な部分にAIによる画像分析を適用し、暗黙知を標準化して他の作業者が体得しやすくした好例だろう。

紙を使い続けるリスク

　「インダストリー4.0」は、ドイツが官民一体で2013年に立ち上げた壮大なデジタル工場プロジェクトとして知られている。ここでも新たな産業革命の創出を狙いに据えながら、実は自動化による完全無人工場を謳っているわけではない（**図1-7**）。

　インダストリー4.0を支える概念に、「サイバーフィジカルシステム（CPS）」

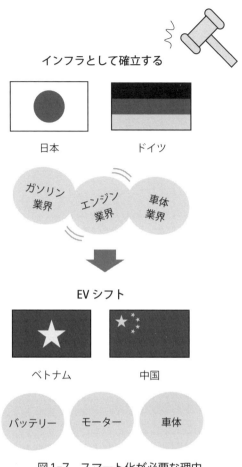

インフラとして確立する

日本　　　　　ドイツ

ガソリン業界　エンジン業界　車体業界

EV シフト

ベトナム　　　　中国

バッテリー　モーター　車体

図1-7　スマート化が必要な理由

と呼ばれるものがある。これは、実世界のフィジカル空間に存在するさまざまなデータをIoTのセンサネットワークで収集、AIを含めコンピュータのサイバー空間で分析し、それを実世界側にフィードバックすることで継続的な改善やトラブルの未然防止など最適な結果に役立てようとしている。

　そして、サイバー空間の中に形作られるのが「デジタルツイン」だ。収集データの蓄積とその分析を行う、いわば現実世界の製品や生産ラインの「デジタルの双子」で、ここには作業者の情報も取り入れられる。こうした未来工場プロジェクトでも、雇用の確保はもちろんさまざまな作業にフレキシブルに対

応できる人間の良さを生かそうとしてか、デジタル技術と連携した形での人手作業の存続は考慮されている。だが、そこでの紙の使用はまったく想定されていない。

　それに対し、製造指示書など紙を使い続ける現行の工場はどうか。「インダストリー4.0」が最善の未来工場かどうかは別として、製造業においてもデジタル化がどんどん進む中、紙を使い続ける将来リスクが浮き彫りになってくるかと思う。

　つまり、紙だとデータとして残らないし、データの利活用も進まない。一番のリスクは、もうそれ以上の進歩が期待できないということだ。今の業務をそのまま維持するのであれば、紙ベースの作業手順で何のリスクもないだろう。つまり、投資ゼロで同じ業務が続けられるのはメリットかもしれないが、アジア企業も含めてグローバル競争が激化する中で、投資ゼロで生き残れるような虫のいい話はそれほどない。

紙をなくしてみて初めて気づく効果

　では紙をなくしてシステム投資した場合に、どういう大きな効果が得られるかと言うと、すぐには実感できないかもしれない。ただ明確に言えるのは、次のステップに進むことができるということだ。TULIPの顧客からは、「IT投資をしていないところに対する投資効果はどれだけあるのか？」という質問も受けるが、そもそもIT投資をしていないところで投資効果はすぐには現れない。

　TULIPのシステム受注の際に顧客から発注書を送ってもらうのだが、まれに紙に手書きの伝票のような発注書が郵送で届くことがある。世の中に、まだこんな会計処理をしている会社があることに正直驚いた。しかも相手は中小企業ではなく、れっきとした大企業。別にそれで取引上、問題があるわけではない。昔から紙の伝票を使っていて、今も変わらずやり続けているだけの話だ。

　ただ、クラウドの会計システムを導入するようになると、ライセンス費用はかかるにしても、紙がなくなることで明らかに書類送付単価はゼロになる（図1-8）。封入封緘の手間も発生しない。もしかすると、そうした利点はわかっていても、「デジタル化を進めることで、先々自分たちの仕事がなくなってしまうのでは？」という不安が背景にあるのではないだろうか。

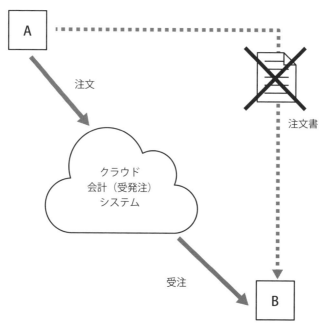

図1-8　ペーパーレスを推進するクラウド会計システム

▤ ITを使いこなせる人材が会社生き残りのカギ

　昔の話になるが、前の会社に勤めているとき、電力の検針業務について無線を使って自動でやろうという話が出た。ただ電力会社の担当者と話してみると、検針は雇用創出の一環なのでデジタル化しない、ということだった。

　それどころか最近では、人工知能（AI）がもっと発達すると、人間がやっている何十％もの仕事がAIに取って代わられるという試算が大学研究者やシンクタンクなどから発表されている。その後の「チャットGPT」の登場で、人間からAIに仕事が置き換えられる時期が前倒しになったと感じている人も多いことだろう。

　確かにAIにそうしたネガティブな側面はあるかもしれないし、先に述べたように、インダストリー4.0でのデジタル技術と連携した人手活用のような巧みな戦略も必要になると思われる。ただし確実に言えるのは、AI技術がどんどん進んでいった際にデジタル技術に対応していない会社だと、本当に競争から退場を宣告されることになる。

図1-9　IT活用の推進役

　紙ベースのまま業務を続けるのではなく、社内にITが理解できる、ITを使いこなせる人材を作っていかなければ確実に時代に取り残されるだろう。では、誰がそれをやるのか。高齢の経営幹部が率先してITを使いこなすことは難しいにしても、その重要性を理解し、経営戦略に盛り込んでいくことは十分に可能だ。特にデジタル世代の若手社員に、ITを駆使して活躍していってもらうことが何より重要になる（**図1-9**）。

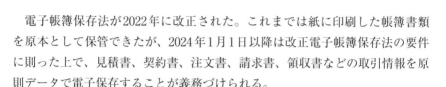

1-5 電子帳票システムでは何も改善しない

電子帳簿保存法が2022年に改正された。これまでは紙に印刷した帳簿書類を原本として保管できたが、2024年1月1日以降は改正電子帳簿保存法の要件に則った上で、見積書、契約書、注文書、請求書、領収書などの取引情報を原則データで電子保存することが義務づけられる。

企業側ではこうした改正電帳法への対応とともに、業務効率化やコスト削減、セキュリティ対策強化を狙いに電子帳票システムの市場が活気づいている。PDF帳票をOCRで自動読み込みしたり、業務システムから出力したCSVデータなどをもとに電子帳票の自動作成、配信、保存・管理が行えたりする機能をベンダ各社がアピールしている。

製造指示書のデジタル化の先

実は、こうした電子帳票システムは工場での製造指示書と、表と裏のような関係にある。

改正電帳法は、税制改正に伴う帳簿類のデジタル保管やペーパーレス対応が狙いだが、それまで紙ベースだった製造指示書についても電子帳票と同じようにエクセルで作成し、現場ではタブレットの画面で確認するなどペーパーレス化を進める企業が増えている。ただ本来、データの利活用を目的にしたものではなく、指示書をデジタル化しただけという点に注意が必要だ。

紙を減らす、ペーパーレス化するという目的のために電子帳票システムを導入し、それを製造指示書にまで展開することは大いに意義があるだろう。ただ、製造現場でデータを収集・分析し、それを標準データとして使っていこうとする場合に、電子帳票システムによる製造指示書だけでは力不足という側面が拭えない。

製造工程には最後の砦として品質保証というプロセスがあり、モノを作る過程で加工あるいは組み立てられた製品の機能や寸法を測定し、基準に適合するか出荷前に検査しなければいけない。わかりやすく言うと、測定工具のノギスで製品の長さを測って「合格」「不合格」の判定を行う際に、その計測値をき

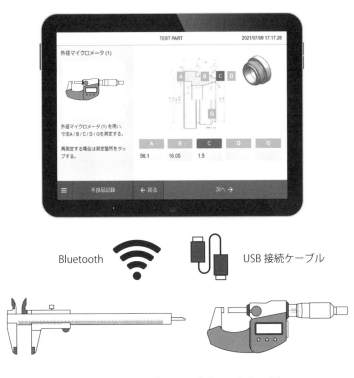

図1-10　計測データのデジタル収集の例

ちんとデジタルデータで収集・保存していくことが重要になる（**図1-10**）。

データ収集の目的は何か？

　製造指示書では、「これを作りなさい」という指示のほかに、「こういうチェックを行ってください」といった内容が盛り込まれていることもある。製造業の現場では紙によるチェックシートもいまだよく使われているが、チェックシートでチェックしたというだけでは実はデータとして残らない。「100mm」「50mm」「80mm」というように、部品ごとの寸法について計測データを残すことにより、初めてその品質を分析することができる。

　例えば、不良品が4月は1件だったのに、9月は5件もあったとしよう。普通なら、不良品が出た場合には「何か理由があるはずだ」と考える。そこをきちんと分析できるような体制でないと「最近なんか不良品多いね…」という話で

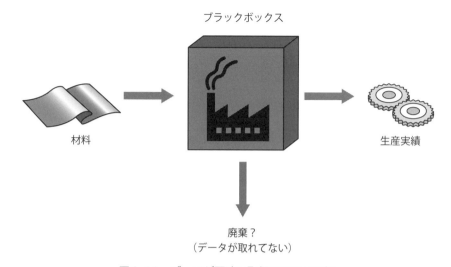

ブラックボックス

材料

生産実績

廃棄？
（データが取れてない）

図1-11　データが正確に取得できない工場

終わってしまい、改善にはほど遠い。実際には製品を大量生産している工場で
さえ、不良品はそのまま捨てられるだけというケースもあり、不良品の数がわ
からない状況にもなっている（**図1-11**）。

　中でも、不良品を材料として再利用できるような会社の場合は、不良品がお
およそ何個あったかは把握しているものの、ほとんどの工場で不良品はそのま
ま廃棄→再利用に回されることになる。そもそも不良品のデータを取っておく
ことの必要性もメリットも、これまでなかったためだ。

　これに対してIT技術が発達した今日では、不良品の発生数や発生率のデー
タを取ることによって、なぜ不良が起こるのかといった原因究明に役立てるこ
とができる（**図1-12**）。作業者が原因なのか、機械の不具合なのか、あるいは
温度など環境要因によるものか。そのためにデータをうまく使いましょうとい
う流れになっているが、そもそもは「不良品の数を減らしたい」「品質を向上
させたい」という目的意識を持つことが重要だ。

"最初の一歩"はデータ可視化から

　データの分析についても、今のような紙ベースでの管理だと、中には記録が
取れていないものが実はたくさん出てくる。そのため、データ化できていない

図1-12　不具合データこそが明日の糧

ものは何かも含めて、洗い出していかないといけない。

　そこで、企業側で気になるのはシステムの投資効果である。中には「システムの導入前後で、どれだけ業務が改善されるか改善率を出してほしい」と顧客から要望を受ける。しかし、これは難しい質問だ。そもそも、システムが入っていない工程は比較するためのデータが存在しないため、どれだけ改善したかわからないというのが本音でもある。

　つまり、紙もしくは紙ですら管理できていないところをデータ化しないと、そもそもどのような進捗があったのかさえわからない。そのため、大きな目標として「不良品をなくす」「品質を均一にする」という目的を持ってもらい、関連するデータをとにかくどんどん収集することから始めるのが大事になる。最初にデータ収集に取り組む中で、ある程度のデータが集まってくる。それでもまだ分析には足りないということがわかれば、さらにデータを収集していけばよい。

　こうしたデータ収集・分析に向けた一歩が踏み出せるかどうかは、最初の段階のデータの可視化がポイントとなる。データの可視化を行うことで製造工程がどういう状態にあるのか、ある程度把握できるようになるためだ。

　技術の進展が速く、現在は以前のように、システムを5年かけて開発しようという時代ではなくなっている。できるところから取り組み、できるところからデータの可視化をやっていくのが、デジタル化からDXへ進むための第一歩だと思っている。

1-6 デジタル化の目的は品質保証と生産性向上

　品質管理を含め企業などの業務改善に有効な手法として、「PDCAサイクル」が広く知られている。P（検証計画）、D（実行）、C（効果確認）、A（是正処置）のサイクルを回し続けることで改善を図っていくものだ。

　ただPDCAは通常、組織の企画部門や上流の部門で使われることが多い。うまく運用するには、AからPに至るプロセスで問題を発見する「異常への気づき」が必要となり、それが現場での改善活動につながる。

異常への気づきと「SDCA」サイクル

　もう一つ「SDCAサイクル」というのもあり、このSDCAによる現場の品質維持管理活動は、「はじめに」で述べた製造現場向けソリューションのTULIPと非常に相性が良い。SDCAのSは「スタンダード（スタンダーダイズ、標準化）」を表し、つまり誰がやっても同じ作業ができるようにすることを意味する（図1-13）。人が介在する作業や紙を使った記録は、実際は誰が担当したかに依存する。先に挙げた「異常への気づき」について、誰がやっても同じように機能させるには標準化の作業が必要になる。それとともに、継続的なデータ収集も欠かせない。TULIPは、製造現場でこうしたSDCAサイクルをうまく回すための機能を豊富に用意している。

　例えばある会社を訪問した際、現場作業者が書いた数字の5、6、7、8の筆記が区別できないという話があった。ノギスで計測した数値が自動的にシステムに入力されるようにしてあれば問題ないのだが、その会社では紙に手書きされた数値を人が読み取り、システムに入力している。では、どうやって手書きの紛らわしい数値を区別しているかというと、数字を書いた作業者のところまで「これ5なの？　それとも6なの？」とわざわざ確認を取りに行っているとのことである。

　仮に「6」であれば不合格だが、「5」なら合格と微妙な話であるため、実際にはどちらなのかを当事者に確かめていると言う。さらに確認をしに行くこと自体も、その会社では当たり前の行為であって、現場では誰も面倒臭いとは

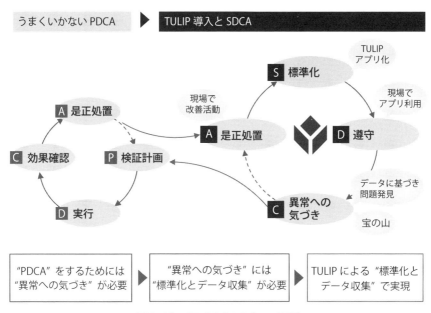

図1-13　SDCAとPDCAの関係

思っていなかったらしい。数字を記入した本人も、「自分は指示書通りに計測してその数値を書きました」と何ら疑問を感じていない。ただ、それをチェックする側が数値を読み誤り、結果的に不良品を出すというリスクは残っている。

　問題なのは、人が介在してミスにつながりかねないプロセスをなぜそのままにしておいて、デジタル化できないのかという点だ（**図1-14**）。単純な解決策として考えられるのは、そうした工程にデジタルノギスを導入すれば、測定と同時にシステムへの数値入力も可能になる。それが第一歩だ。すべての作業台にあるノギスのデータが収集されるようになると、不良品の発生率の分析や不良品発生の要因解明にも役立てることができる。

データ分析により品質向上を推進する役

　製造業のエンジニアではなかなか対応が難しいようなケースについては、ビッグデータを分析するデータアナリストという職種の人たちに委ねたい。彼らは少しずつ集まったデータに基づいて仮説を立てながら、次の分析に必要と

危険軽視	不注意	無知・未経験・不慣れ
近道・省略行動	高年齢者の心身機能低下	錯覚、思い込み
場面行動	パニック	コミュニケーションエラー
疲労	単調	集団欠陥

100％防ぐことはできない！

図1-14　ヒューマンエラーの原因となる人間の12の特性

出所：高木元也、「ヒューマンエラー災害に挑む 現場を踏まえ人間をよく理解して」、労働新聞社、2023年

なるデータ収集の範囲の特定や、新たにデジタル化すべき分野についてサジェスチョンを与えてくれたりする存在だ（**図1-15**）。

その結果、データアナリストの指導で業務が改善したり、DXの実現につながったりするケースもある。もちろん、データアナリストという役職を置いていない会社も多数存在するが、現場のデータを収集している会社はデータの解析にも容易に取り組めるため業務改善につなげやすい。

しかし、実際には多くの会社で収集するデータが全部揃わず、データの取りこぼしという課題にも直面している（**図1-16**）。つまり、10工程ある中で5工程のデータは取れているけれども、残りの5工程はデータがないため分析できないという状況だ。

逆に言うと、デジタル化では一つでも手書きのデータがあるとダメで、分析ができない。ただし対象が10個ある中で、いきなり10個をデジタル化しましょう、というアプローチを取らなくてもよいと思う。例えば今月中に6個目をやって、3カ月後に7個目をやるというアプローチで、製品品質を徐々に向上させるような取り組みだ。

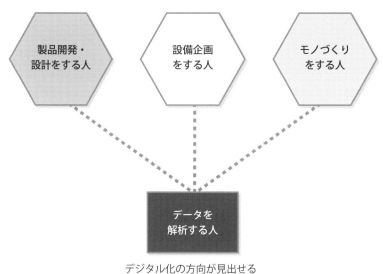

デジタル化の方向が見出せる

図1-15　エンジニアの役割

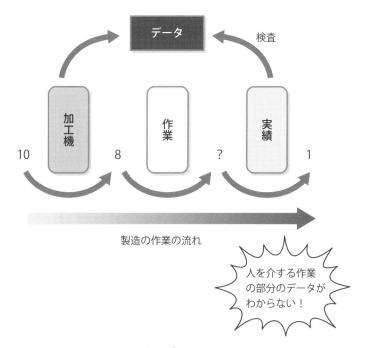

図1-16　実績データの取得しやすさ

こうしたデータ分析による品質向上を身をもって体験した人たちは、本当の意味でのDXもしくはデジタル分析の意味を理解し、いわゆるデータアナリストに近いような能力を備えていくだろう。

リアルタイムに取れてこそ生きたデータ

顧客の現場に行って話を聞くと、「ここのデータが欲しいのだが、取れていないんだよね…」という話をよく耳にする。理由としては製造時間が非常に長くかかっていたり、もしくはその製造の実績が後入力だったりするケースもある。つまり、タイムリーに情報やデータが入ってこない、という悩みを抱えている。

実はそうしたデータを分析しても、もう終わってしまった過去の作業になるため、やはりリアルタイムでデータを収集することが非常に重要になる。そのためにも、嘘偽りのないデータを機械的に取るという作業も大事だ。きちんとした値のデータが時間のロスなしに収集・入力され、そのデータを次々分析していく。

分析自体もある程度期間を決めて、「この1カ月だけ集中して分析しましょう」というやり方でもいい。新しいものを作る場合、すぐ生産ラインが変更になったりすることもあり、わざわざ長期間にわたってデータ取りをやる必要性はないと思う。

一方で、社内には過去の紙に書かれたデータも大量に蓄積されている。一番良いのは、紙に書かれた内容をスキャンしてOCRなどでデータ化するやり方だ。ただ、そもそも紙上のデータであるため、5年前や10年前に書かれたものになると字が滲んで見えづらい場合もある。過去のデータをデータとして蓄積すること自体はいいが、実際には質の面からデータとして蓄積させていくには難しいケースが多いのではないだろうか。

だからこそ、いち早く今できるところから、すぐにでもデータ化していくことが大事になる（図1-17）。

過去より「今」を蓄積

業種や会社によっては、データ保管期間を法律で定められているところもある。そうした分野はデータを紙で保管せざるを得ないわけだが、では実際に紙で保管した結果をデータで見るかと言えば、ほとんどの会社で見返すことはな

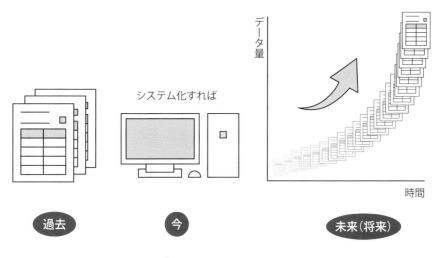

図1-17　データ集積のシステム化を急ぐ理由

い。もちろん何かトラブルがあった際は、その紙を探し出して中身を確認する行為が必要になるかもしれないが。

　歴史的・文化的、あるいは経済的価値があるならともかく、過去のデータについてわざわざ急いでデータ化に踏み切らなくともいい、というのが私の考えだ。それよりもなるべく早いタイミングで、社内に蓄積されていく情報をデータ化していくことの方が大切であろう。

　ただし、それが5年後からデータ化していくのと、今からデータ化を始めるのでは雲泥の差がある。5年分となるとデータも膨大な量になる。だからこそ5年後からやるのではなく、できるところから今すぐデータ化に取り掛かることが重要になる。今すぐデータ化に取り組むことで、将来は指数関数的に増大していくと見られる情報を、今のうちからデータ化できるような体制にしておくことが求められるからだ。

　人間のような文章やプログラム、さらには写真や動画まで自在に作れる生成AIが突然世の中に現れ、ビジネスや一般社会でのAIの位置づけを一変させてしまったように、明日は今日の続きではないかもしれない。少なくともデータをこまめに収集し、予測可能あるいは予測不可能な未来の衝撃に備える必要があるだろう。

1-7 人手作業で起こる不正

　非常に残念なことに、最近になって企業による品質データ改竄といった不正が何度もニュースを賑わせている。データ収集で人手を介すと間違うおそれがあるため、自動的にデータを収集できる仕組みが望ましいと説明した。しかし、この事例は人手が介在するのをいいことに、自社や当該部門に都合の良いよう、意図的に実測値とまったく違うデータを長年にわたり取引先や監督官庁に報告していたようなケースだ。

　日本は「世界に冠たるモノづくり大国」「日本人は勤勉で真面目」というこれまでの評価を裏切るもので、日本企業の国際競争力の低下を図らずも示していると言える。

　これはあくまで想像だが、データ不正が行われた会社はその多くが、高いレベルの日本品質、日本クオリティを備えた製品や部品を社内外から強く求められていたのだろう。「品質検査を何が何でもパスしなければならない」というプレッシャーからか、都合の良いようにデータを書き換えていたケースもあったものと推察される。もちろん求められた品質に到達できなかったという事実が知られると、自分たちの部門の業績や評価が下がる、上司に叱責されるという考えがあったのかもしれない（**表1-2**）。

▥ 機械的に収集するデータは改竄の余地がない

　私が読んだ品質データ不正の新聞記事で面白いと思ったのは、品質検査で合格になる値をエクセルでわざわざ計算し、それを入力していたという事例だ。実は企業の経営層は製品の品質向上を現場に求めるだけではなく、不良品が発生することは理解した上で、なぜ不良品が出たのかということにきちんと向き合わなくてはならない。

　例えば不良率を0.01％の範囲内に収まるようにしなければいけないという会社の暗黙のルールのようなものがあり、それにどう対応したらいいか苦悩する社員の心理も背景にあったのではないかと思う。

　一方で、機械が取ってきた生のデータは客観的な数値で、改竄されたもので

表1-2　2020年以降の主な品質に関わる企業不正事件の報道例

年月	企業名	事象
2020/4	日立金属	特殊鋼・磁性材製品で検査データ改竄を発表
2021/2	曙ブレーキ	自動車用ブレーキで品質データを偽装を発表
2021/7	三菱電機	鉄道用空調の性能検査で偽装を発表
2021/12	日立アステモ	ブレーキ部品など検査未実施などの不適切行為を発表
2022/3	日野自動車	トラックやバス用エンジンの排出ガスや燃費試験で不正行為を発表
2022/5	日本製鋼所M&E	火力発電所のタービンの軸材などで品質検査の不正を発表
2022/6	川重冷熱工業	主力製品の性能検査での不正行為を発表
2023/3	豊田自動織機	フォークリフト用エンジンの排ガス認証試験で法規違反を確認
2023/10	沢井製薬	抗潰瘍薬の品質試験で不正を発表
2023/12	ダイハツ	64車種とエンジン3機種で型式認証の試験での不正行為を発表
2024/1	パナインダストリー	成形材料などUL認証登録で不正行為を発表
2024/4	IHI原動機	舶用・陸用エンジンの燃料消費率データ改竄を発表

出所：日刊工業新聞をもとに作成

はあり得ない。これについては機械やセンサが壊れて間違ったデータが出力されていない限り、文句のつけようがない。

　データ不正を根絶するには、こうした機械が収集したデータを、本当に信頼性の高いものとして分析できるような企業のカルチャーや体制も必要になる。DXを実現していくその裏で、企業の組織や運営の仕方なども透明性が高く、業務改善や新たな価値創出に向けて部門間の協調・連携がしやすい形に変えていかないと実現が難しいとよく言われるが、まさにその通りであろう。

　ただ、不正が起こる陰には現場の人がやりたくてやっているわけではなく、上層部から指示が降りてくるような組織ぐるみの場合もある。よくあるのは過去10年、20年、企業によっては30年にもにわたってずっとデータ改竄をやってきたというケースで、大方の現場の人は不正だとは認識していない。逆に、それが正しいやり方だと思っていたりする。

つまり、こうした企業はガバナンス（統治）がまったくなっておらず、まさに技能伝承のような形で不正が共有され、長期間にわたり繰り返されてきた。関わった社員たちも、新たな技術開発で壁を乗り越えようという前向きな考えを持つことなく、思考停止に陥ってしまっている。これは、企業経営にとって非常に根の深い問題と言える。

▓ "デジタル三現主義"へのシフト

　一方で企業経営を進める上で、実際に「現場」で「現物」を観察し、「現実」を認識した上で問題解決を図る「三現主義」を重視する企業もある。情報システムやインターネットの発達で情報があふれ返る中、それらの情報に惑わされて誤った経営判断をしないように経営幹部が自分の目で確かめ、自分の頭で考えることに重きを置いた枠組みだ。

　では、デジタル化は三現主義とは相容れないのか。私はそうは思わない。

　エクセルで都合のいいデータを計算して手で入力するのではなく、機械から拾ってきたデータをそのままシステムに入力して使う。その場合、機械が収集したデータは「現物」であり、客観的な「現実」だ。今や進化が著しいITの力を使わない手はない。

　デジタルの力を借りながら、現場・現物・現実に即して的確な判断を素早く下す「デジタル三現主義」がモノづくりの現場でも広がっていくものと確信している。

　そのためには、細かい話になるが、ノギスが正しい値を計測できるようにするための校正についても、実施したかどうかの記録を取っておかなければならない。

　誤ったデータを出すような計測器を使っていたとしたら、そもそも計測する意味がない。校正自体のタイミングや誤差はどのぐらいあるかについても、現場に行くと要領が手書きで書いてあったりする。測定値の信頼性を上げたいのであれば、計測器の校正状態を例えば監査証跡のようにデジタルで残すやり方もある。「この計測器は正しい」「今回の作業はこの計測器を使いました」という事実を証拠として残すことによって、その計測データの信憑性が高まることになる（**表1-3**）。

表1-3　ISO9001における機器の校正に関する規定

7.1.5　監視及び測定のための資源

⑴ 7.1.5.1　一般
　要求事項に対する製品及びサービスの適合を検証するために監視又は測定を用いる場合，組織は，結果が妥当で信頼できるものであることを確実にするために必要な資源を明確にし，提供しなければならない。
組織は，用意した資源が次の事項を満たすことを確実にしなければならない。

a）実施する特定の種類の監視及び測定活動に対して適切である。
b）その目的に継続して合致することを確実にするために維持されている。

　組織は，監視及び測定のための資源が目的と合致している証拠として，適切な文書化した情報を保持しなければならない。

「ISO9001：2015 品質マネジメントシステム－要求事項」より

「次は何をなくせばいいですか？」

　こうしたやり方は、何か不良品が出た場合の原因究明にも役立てられる。不良品とされたモノの中には、計測器自体に問題があって製品には問題がない場合があるかもしれない。それが、計測器の校正がきちんと行われていたということであれば、加工機械の方に問題があるという話になる。ここでメインの作業だけではなく、周辺作業も含めてデジタルで記録を残すことにより、データを分析して不良の原因が突き止めやすくなる。

　こうした取り組みを進めるからには、やはり現場から紙を一掃してデータを利活用するための体制を作り、社員にその重要性をしっかり認識してもらわなければならない。

　逆説的なようだが、紙の利用をなくした後、製造現場で「次は何をなくせばいいんですか？」という声が上がったとしたら、達成しなければならない目的がその現場では理解されたことを意味する。つまり、品質をきちんと担保していくことが何より重要、ということがわかった証左でもある。データ収集で介在する人やモノを極力減らすことで、品質を左右するデータを絞り込み、本質に近づいていくことができる。

1-8 人手作業はなくせるのか？

　社員100人くらいのとある機械メーカを訪問した際のことである。ここでは
いわゆるベテラン社員が製造ノウハウを持っていて、そうしたノウハウは紙に
も書かれていないため、この会社では技能の共有や伝承に困っていた。しか
も、国内で中小製造業に入社する若手が減ってきているため、そこでは社員の
60%をベトナム人が占めていると聞く。

　日本語でも伝えにくいノウハウが紙にも書かれていないし、ましてやデジタ
ルデータもない。先方としては、「TULIP（第4章で詳しく記載）の導入を検
討したい」というのでその理由を2代目の社長に聞くと、「何とか技能の標準
化を進めていきたい」という話だった。現在はベテラン社員の頭の中にだけ
入っているノウハウを、まずはその他の社員と共通の知識やノウハウにしたい
のだと言う。

ベトナム人社員6割の会社がDXに取り組む

　この会社は2008年のリーマンショック時に、受注が激減して会社がつぶれ
そうになったことがある。初代のカリスマ社長と高い技能を持つベテラン社員
で業績を伸ばしてきたが、トップが代替わりすると、彼を小さい頃から知って
いるベテラン社員たちは2代目の言うことをなかなか聞き入れてくれない。そ
の後、リーマンショックで経営危機に陥り、大変な思いをしながらベトナム人
を大量に雇い入れるなどして何とか危機を乗り切った。

　その経験から「このままじゃダメだ。先代と違って自分にカリスマ性はない
が、きちんとデータに基づいた経営をしていかないと。特定の社員ではなく、
誰がやっても同じ品質で、同じ生産性を上げられるようなモノづくりの仕組み
を持たなければいけない」。2代目社長はこう痛感したそうだ。

　今ではようやくベテラン社員が紙に手書きで情報を残すようになったとのこ
とだが、ただそれだけではデジタル化にもDXにもほど遠い。紙での情報共有
という業務すらできていなかった会社が、ようやく紙にノウハウを記録するよ
うになっただけ。2代目社長としては、紙だけではデータの利活用ができない

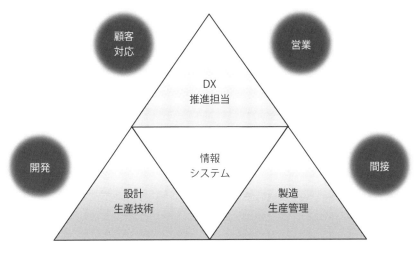

図1-18　DX推進体系

ので、TULIPのようなシステムを導入して何とか次のステップに踏み出したい、というわけなのだ。

　こうした顧客にTULIPを導入してもらう際、我々は「そのためのきちんとした社内体制を作ってください」とお願いしている。

　現場の人が兼務でDXを推進するプロジェクトマネージャを担当したとしても、大抵の場合はうまくいかない。多いのが優秀な製造現場の人に、「キミはパソコン詳しいだろう？　こっちも、ちょっとやってみてくれ…」と指名するケースだ。頼まれるのはたいがい真面目で優秀な人なので、複数のプロジェクトを兼任し、どれも一生懸命に取り組んだ結果、「もう業務が回せません…」となって最悪の場合は燃え尽きてしまう。

　このように現場の人が兼務してDX推進担当を片手間に進められるほど、DXは甘くはない。むしろ専任担当者を割り当てた上で、「会社がこれからDXを推進していくための第一歩となるプロジェクトの担当者で、非常に重要なポジションである」というメッセージを、経営層から会社全体に発していく必要がある（**図1-18**）。

　加えて、ITの技術がわかる情シス（情報システム部門）担当者や生産技術・品質管理担当者も、プロジェクトチームのメンバとして外せない。さらに、実

際に製造現場向けのアプリを作る人を選出できればベストパターンだろう。

現場の要求をもとに若手が１日でアプリ開発

2023年9月に米ボストン近郊のTulip社本社で開催された年次カンファレンスに参加して、顧客代表とTULIPの担当者が対話する興味深いセッションがあった。顧客として登壇したのは30代ぐらいの女性。会社でTULIPのアプリを作っていると言う。彼女の話では、TULIP導入に際して会社がそのための推進体制を整備した。

従来は何かのソフトウェアシステムを社内向けに作る場合、情シスに依頼してから導入まで約3カ月かかっていたそうだ。ところが新体制の下では、現場の人たちが自分のところに「こんな機能が欲しい」と言って来れば、わずか1日で要求機能を盛り込んだTULIPのアプリが実現した。

女性は、「現場も非常に喜んでくれている。みんなが頼りにしてくれて、私としても仕事に自信を持てた。私のやるべき仕事が見つかった」。このように笑顔で話していたのが印象的だった。

ここに課題解決のヒントがある。小さい頃からスマートフォンや動画配信、ソーシャルメディア（SNS）に囲まれた環境で育った若者は、そもそもITやデジタルにアレルギーがない。

一方で、過去の仕事のやり方を抜本的に変えていかないと、DXの大波に乗れないという点も重要なポイントだ。「長年このやり方でうまくやってきたのだから、このままでいい」という常識をぶち破らなければ、グローバル競争の中で発展はない。

労働人口減少時代のモノづくりを

日本の場合、労働人口が将来どんどん減っていくのが確実視されている。

大手・中小企業に限らず、製造業はデータとしてモノづくりの情報やノウハウを保管および蓄積しておかないと、次の世代に事業をつないでいけない状況に直面している。かつては熟練技能者になると、手で加工面を撫でただけでわずか$1\mu m$（1/1,000mm）の凹みがわかるという話もよく聞かれたが、労働人口が激減する中でそのような人を社員として抱えるのも難しくなる。

日本においては、もはや職人がモノを作るという時代ではなく、機械や加工機がモノを作る時代になってきているのかもしれない。その場合に焦点となる

図1-19　多様性のある仕事環境

のは、加工機をどうやって操っていくかという部分だ。話題の生成AIは、要望に応じて滑らかな文章を作り出すだけでなく、プログラムコードを書くこともできる。その一方で、工場設備の運用を任せるのはまだ先の話だろう。

　人間にやれることはまだ残されていて、機械を操作する人は外国人労働者でもいいし、きちんとしたソフトウェアやデータがあれば、経験の少ない若い人たちでも高度な加工ができるだろう。

　こうした移行期間には、残念ながら淘汰される製造業や工場が国内で一定数出てくることも想定される。しかし、インダストリー4.0に代表されるように、諸外国でデータ収集・分析を基盤としたモノづくりの取り組みが活発化する中、デジタル化の遅れは国内製造業にとって致命傷となりかねない。

　すでに「デジタル化をいつから始めるべきか？」ではなく、「すぐに始めるべき」という時期に来ている。そこではITに慣れ親しみ、データ収集・分析の必要性を認識できる若い世代の経営者や若いマネージャたちがDX推進のカギを握っていくことになる（図1-19）。

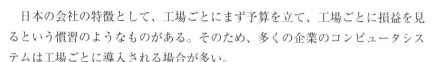

1-9 工場ごとのシステム化でいいのか

　日本の会社の特徴として、工場ごとにまず予算を立て、工場ごとに損益を見るという慣習のようなものがある。そのため、多くの企業のコンピュータシステムは工場ごとに導入される場合が多い。

　例えばA社にB工場、C工場があり、B工場とC工場がそれぞれ違う情報システムを使っていたりする。昔はそうした縦割りのやり方でよかったのかもしれないが、実際には共通システムを使う方が確実に投資効果は高い。つまり、B工場が自工場の予算だけで小規模システムを構築するのではなく、B工場とC工場、さらにはD工場も含めて一緒の予算で共通のシステムを導入するという考え方が重視されるようになる。

　工場長の権限が強く、工場間のシステムの共通化ができない会社であれば、今の時代に、そこへ横串を刺すIT部門やDX推進部の重要性が増していくだろう。名ばかりのDX推進部ではなく、会社全体の予算を持ち、会社全体としてDXでどのように動いていくかを立案・実行できる組織でなければ、実際のDX推進は難しい。

工場独自のシステムがDX推進の足を引っ張る

　国内の工場を訪問してみると、ほぼこうした工場ごとの予算化を実施する企業が目立つ。もちろん、小規模な中小企業の場合は工場イコール会社になるわけだが、複数の工場を持っている会社でも工場ごとに予算管理をしているところがほとんどだ。

　かたや米国Tulip社のユーザで、その工場が日本にある会社の人と話してみたところ、この会社ではグローバルで共通システムを運用するための推進チームを持っていると言う。つまり、工場が立地する国が違っても同じシステムの利用を会社として進めている。

　日本にもグローバル企業はいくつもあるが、会計システムやメールシステムは全社共通という例が多い。工場に特化したシステムで全社的な投資ができないと、結局A工場は現場でのデータ収集とその活用が進んでいるがB工場は遅

れている、あるいはC工場では見える化ができているのに対しD工場はできていない、ということが起こり得る。工場ごとの取り組みがバラバラだと、会社全体としてのDX推進が困難になると見ている。

　予算も投資も工場ごとにやるのではなく、全社に横串を刺す形で実施していかなければならない。実は工場長ごとにカルチャーが違い、IT好きの工場長がいれば、手書きの指示書や報告書が好きな工場長もいる。そこを、会社として統一して推進する部隊がないとDXは進めづらい。

　加えて、現代ではクラウドサービスという一つの場所に、全工場のデータが集まるようなシステムの活用が求められる。これはデータの有効活用やサイバーセキュリティ、災害対応などの上でも非常に重要なテーマであるにもかかわらず、国内企業によってはなかなかクラウド化に踏み出せないようだ。これも情報システムについて全社統一的なビジョンの欠如が影響しているのかもしれない。

共通プラットフォームにしないとシステム投資の効果が出にくい

　それともう一つ、日本の場合は別の特殊な要因がある。労働人口の減少だ。それに伴いオーナー経営者が会社を売却し、別の会社に事業承継するところが今後着実に増えてくると思われる。その場合、親会社のA社はA社で買収したB社の株式を保有しながら、B社はB社で別個に運営を続けるのであれば、ただ経営者が変わっただけで買収した相乗効果があまり期待できない。

　最近日本でもM＆Aが増えていて、グループ内にルーツの違う工場もあれば、工場長の権限が強い工場も存在するようになる。実は同じカルチャーの下、グループ会社を一体的に運営していかないと、買収後の相乗効果を十分に発揮するのが難しい（図1-20、図1-21）。

　例えは悪いが、結婚と同じように買収が決まった際には、それこそ永遠の愛を誓うようなコメントが買収側の経営陣から発表される。ただ、一緒になればそれまで気づかなかったアラも見えてくるし、性格の不一致やそもそも一緒になる意味がないなどの問題が噴出して、人間と同じように離婚ということも十分に考えられる。

　何よりも統合することで、付加価値やマーケット拡大に本当につながるのかを事前に見極め、同じビジョンを共有かできるか意識合わせを進めて行かなければならない。

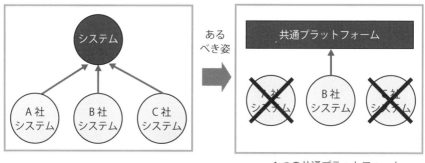

１つの共通プラットフォーム

図1-20　企業統合後の情報インフラのイメージ

　つまり、Ｍ＆Ａで大変なのは買収自体を成功させることよりも、買収後の統合にある。両社を足し合わせて「１＋１＝２」ではなく、「１＋１＝３」にしなければいけない。

　例えば買収した会社がデジタル分野で強ければ、買収された方は自前でデジタル化をしなくていいかと言うと、そうではない。買収されたＢ工場も買収した会社のＡ工場と同じ会社の所有物となるため、同じ基盤を使ってデジタル化に取り組むことが求められる。情報インフラについても、両社で統合を進めないとシステム投資の効果は出にくい。

　こうした人口減少に伴う事業継承により、一つの会社にぶら下がる工場の数は今後増えるものと予測している。そのときに工場ごとのカルチャーや権限ではなく、共通のインフラを有効活用していかないとデジタル化で１歩も２歩も遅れを取ってしまうことになる。

▓ グローバルな事業ビジョンを支えるＤＸ施策を

　先ほど挙げたTulip社の顧客のグローバル企業を見てみると、リーダシップをとっているのは米国の会社や欧州の会社がほとんど。うち日本市場については、日本の事業所が担当する形態にはなっていない。事業をグローバルに展開しているのだから、本社拠点が主導権を握って全部同じ情報システム、全部同じ品質基準にしていこうという文化が欧米企業にはある。

　特に欧州の会社は自発的に規格やレギュレーション（規制）を設けて、いつまでにガソリン車の新車販売を廃止しましょう、SDGsを進めましょうと、み

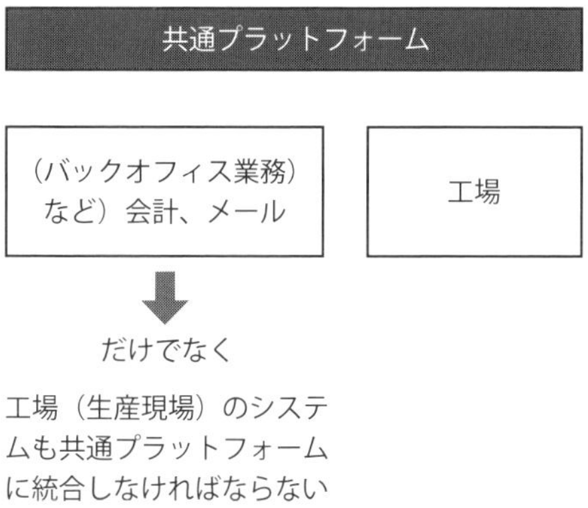

共通プラットフォーム	
（バックオフィス業務） など）会計、メール	工場

だけでなく

工場（生産現場）のシステ
ムも共通プラットフォーム
に統合しなければならない

図1-21　工場／生産業務系のシステムのあり方

んなで社会を変えていく取り組みをリードするカルチャーが醸成されている。
対して、日本企業は各社個別にビジネス展開する傾向が強く、マーケットで
シェア１位になればいいという意識が強いように思われる。

　日本に本社を置くグローバル企業の顧客に話を聞いてみると、米国に工場を
持っていて、そちらの方が実はDXが進んでいるとのことである。しかし、そ
の進んでいる米国のDXシステムを日本に持ってきてもうまく動かない。そん
なケースが、１件どころか何件もあったと聞く。

　その根底には、やはり工場として新しいトレンドであるDXに、積極的に取
り組もうとする米国のカルチャーがあるのだろう。かたや日本は以前から使っ
ている古いシステムがあり、それと親和性を保ちながら米国から入れたシステ
ムを稼働させるのが難しい、という結論になってしまっている。

　もし海外工場のシステムが先進的であるのならば、それについて導入前から
日本の本社側と情報共有を進め、グローバルでほぼ同じタイミングでアップ
デートを図っていった方が実際には効果は高いと思われる。このケースも単な
るマーケットの違いだけでなく、国単位や工場単位の戦略づくり、あるいは予
算設定が統合運用の壁になっているのかもしれない。

　スピーディな経営判断や異部門の連携が求められる時代、各工場長の目を通
してではなく、国ごとの情報インフラのあり方も含め経営陣のグローバルな事
業ビジョンを下支えるような、グローバルなDX施策を講じていく必要がある
のではないか。

1-10 最初からすべてを実現しよう とする考え

　前項で、日本発グローバル企業の米国工場で稼働するシステムが先進的であるにもかかわらず、日本本社のシステムと親和性を持たない事例がいくつもあることを紹介した。

　その背景にある思想として日本企業の間には、いくら新しくともやるべきことが100％達成できないシステムは導入してはいけない、という考え方が影響していることも考えられる。つまり100個のうち99個動いても、1個動かなかったらシステムは不合格となってしまうのが日本のシステム化の現状だ（**図1-22**、**図1-23**）。

日本特有の完璧主義を見直す

　中国や米国では、プログラムにバグが1個ぐらいあっても、99個動けばリリースしてしまえという場合が多い。日本は100点満点で、極端な話150点ぐらいの合格点にならないとリリースしてはダメという文化があり、その辺りの考え方の違いは大きい。

　日本企業の場合、完璧主義を目指すあまり、製品開発でもきちんとしたものができないと出荷してはいけない、次に進んではいけないという傾向が強い。それはそれで、高い品質を維持するためには素晴らしい考えであろう。しかし、米国の「リーンスタートアップ」のようにまずベースとなる製品を作り上げ、顧客の声を参考にしながらより優れた製品になるように改善を重ね、スピーディに事業を展開するというやり方は、日本企業には概ね苦手なところが多い。

　かつてクラウドコンピューティングのサービスを提供するグーグルのデータセンタ（DC）では、低価格なサーバを大量に導入しながら、大規模な超並列分散処理が行える自社開発プログラムを活用しているとの話があった。

　つまり、高性能サーバに比べて低価格サーバの故障率が高かったとしても、システム全体として並列分散処理が行えるのであれば、故障したサーバの機能を他のサーバが補ってくれるという話だった。ハードウェアの故障を最初から

開発者はベンダ

高額でハイリスクな導入

○導入時にフィットするか疑問
○カスタマイズにも費用
○環境の変化に対応困難

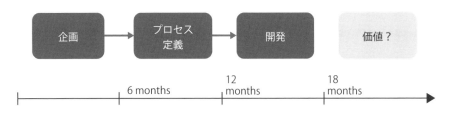

図1-22　従来型のシステム導入（ウォーターフォール）

シチズンデベロップモデル

リスクを抑えたスモールスタート

○段階的な導入と拡張、アップデート
○導入と同時に価値を確認
○環境変化、未知の課題に対応

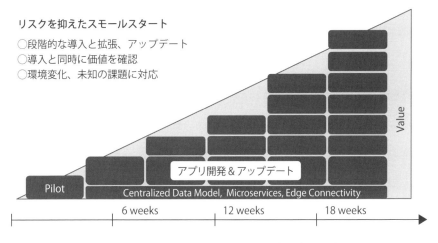

図1-23　これからのシステム導入（アジャイル）

計算に入れながら、ソフトウェア的な仕組みでDCに冗長性を持たせるという考え方が目新しく、日本企業であれば当然、故障しにくいサーバを使う、あるいは温度管理を含め運用環境に最大限配慮するというリスク回避・品質重視のアプローチを選ぶだろう[3]。

▓「半導体王国」から凋落した理由に学ぶ

もう一つ事例を挙げよう。

1980年代から1990年代にかけて、日本の半導体はメモリチップのDRAMで世界シェア約5割を誇り、「半導体王国」の名をほしいままにしていた。それが2020年代を迎えて以降では、世界シェア10%を切る水準にまで競争力が落ちてしまっている。

1980年代当時は、大型コンピュータ用の高品質なDRAMが日本勢シェア世界一の原動力となっていたが、貿易摩擦を背景に1986年に結ばれた日米半導体協定の影響に加え、大型コンピュータの出荷額減少とパソコンの市場拡大という時代の大きな変化に乗り遅れたのが敗因と言われる。パソコン用DRAMを低コストで大量生産する技術に磨きをかけた韓国勢などにシェアを奪われ、過剰性能と過剰品質の日本製DRAMはパソコン向けで求められる低コスト化・大量生産に対応できずに競争力を失っていった。

技術の粋を極めて高品質を追求することは大事だが、製品コストを筆頭に市場の要請に沿ったものでなければ、ビジネスとして成り立たない。実用化では日本が先行していた太陽光電池パネルや液晶パネルなども同じ。最初の成功体験に縛られて技術偏重に陥らず、時代の変化を見極めながら大胆かつ柔軟な経営判断を下し続けられるかが、生き馬の目を抜くような半導体市場での成否を分ける[4,5]。

▓ 100点主義でなければ不正行為は起きなかった？

「技術が良ければ製品は売れる」という妄信とともに、日本企業に多い完璧主義の弊害も現実に現れている。

前に書いた通り、評価で100点にならないと出荷できないという社内の品質検査制度を逆手にとり、データを改竄して無理やり100点にしてしまう不正行為も大手企業の間で相次いで明るみになった。完璧主義が、まるで意味のないような事態をもたらしている。皮肉な話、これがもし最初から「100点でなく

ても出荷OK」という制度の下であれば、こうした不正は起こらなかったかもしれない。

　あくまで個人的な意見だが、資本主義が行き過ぎて株主至上主義のようになってきていることが、こうしたデータ不正の背景にあるのではないだろうか。会社の利益が最優先され、モノづくりの大事な部分がないがしろにされているとも憂慮している。

　例えば、テスラのエンジニアなどはノルマがあるにしても、そればかり考えて最先端のEV開発に取り組んでいるわけではないだろう。自分たちは「世界で最高のEVを作る」と掲げる、昭和の日本人に共通するメンタリティを感じる。

挑戦できる環境に魅力

　実際、テスラの取締役の講演を2023年に聞いたことがある。投資家でもある彼がテスラに関わり始めた頃は社員が50人ほど。当時は「ほとんどの社員が成功するとは思ってもいなかった」と言う。

　そんなチームの中核にあったのが「ミッションドリブン」という考えである。社員たちがまさにミッション・インポッシブルな、実現不可能とさえ思われるミッションの達成に向け、それこそ粘り強く朝早くから夜中まで取り組んだところ、そうしたチャレンジングな環境に魅力を感じてか、「大きな野心を持つ優秀な人材が既存の自動車産業からテスラに移ってきた」のだそうだ。

　ただ、テスラのイーロン・マスクCEOはあまりにカリスマすぎるため、代替わりしたら会社自体どうなるかというリスクはあるだろう。創業者が、並外れて才能豊かであればあるほど継承は難しい。そうなったら残念な話だが、もしかすると日本企業のように無茶ぶりができない、普通の企業になってしまうかもしれない。

1-11 投資効果って何？

　日本の製造業は、「設備投資」という言葉がよくよく好きだと思う。「当社は今年度1億円の設備投資を計画しています」というような話を頻繁に聞くが、1億円のシステム投資をすると豪語する製造業はあまり耳にしない。

　ただ、今後は生産設備も情報システムも投資が重要になってくるだろう。つまり、システム投資ができない会社は、設備だけあっても企業競争力は確実に落ちていくことになる。

不測の事態を回避することも価値

　古株の経営者に会うと、「15年前に設備投資をしてようやく減価償却が終わった。ここからが儲け時です」と言われたりする。こうした人は、設備投資とシステム投資に対する考えがまったく違う。15年前の技術、例えば2010年以前に作られたパソコンは、現在のスマートフォンより性能が劣った機種が主流だった。最先端のモノを使わないのであれば、それまでと同じレベルの製品は作れるが、それ以上のモノはできない。つまり継続的に投資をしていかないと、付加価値の高い、先端技術を備えた製品の開発や製造はおぼつかないということだ。

　「システム投資をして、どれだけ製造コストを下げられるのか？」

　こうした質問も顧客からよく聞かれる。実際にはシステム投資を実施するため、思ったほどコストは安くならない。実はポイントはそこではなく、システム投資によってどれだけ新しい技術を取り入れ、製品を改良したり品質を維持したりしていけるかが重要になる。設備投資であれば、製品の生産能力が月産何個に増やせるか明確にわかるが、システム投資とはそういうものではない。

　単純な投資効果ではなく、不測の事態や、システム化できていないことを回避することに価値を見出すのが重要だ。例えば、液体の配合ミスで1,000万円の被害を受けた企業や、過剰在庫を持ってしまいキャッシュフローを悪くしている企業があったりする。損失を出さないことがつまり付加価値となる。

システムでいかに付加価値を生み出すか

ITシステムでいかに付加価値を生み出すか。それこそ「デジタルツイン」のように、デジタルのサイバー空間とリアルの現実世界を合わせて、開発作業や製品・生産ラインのリアルタイムモニタリングを進めたり、前出のベトナム人従業員60%の会社の話のように、自分の会社を残すため、労働人口が少ない時代に備えて外国人でも日本人と同じように働ける環境を今のうちにデジタルで作っていこうとしたり、システム投資ではそのようなマインドが重要になると考える。

設備投資では「1億円の工作機械を導入して、良い買い物をした」と満足する製造業の経営者が多いのに対し、「年間1ライセンス36万円のTULIPは高い」とお叱りを頂戴したりする。

ただ、何をもって高いと判断しているのかが気になるところである。こうした人たちは、仮にTULIPの価格を10万円に値下げしたとしても、「高いよね」と口にするのだろう。つまり、その製品の持っている潜在的な価値を判断せずに、1ライセンス＝いくらという部分で高いと判断しているようだ。TULIPが持つポテンシャルをまったく理解できていないのだと思う。

IT投資は会社の未来に託す決意の現れ

前項で、「そもそもIT投資をしていないところで、投資効果はすぐには出ない」と書いた。設備投資の場合は、設備が稼働するとすぐ効果が目に見えて出てくるので、それと比較されてしまうのだろう。

IT投資の場合は5年後、10年後という将来を見据え、それこそ経営者が世代交代したときに、どんな姿の会社になっているかを考えてIT投資すべきだとつくづく思う。10年後には、中には会社を他社に売却しているところもあれば、生き残りを選択して自分たちで頑張っていくところもあるだろう。2代目、3代目の経営者が地道にIT投資をしていった結果、会社の存続につながったというケースも出てくるかもしれない。それこそが一番の投資効果ではないだろうか。

IT投資に加えて、人材育成や仕組みづくりも大事になる。最近、日本でもITなどの技術革新やビジネスモデルの変化に対応するため、新しい知識やスキルを学ぶ「リスキリング」の重要性が叫ばれている。ある損害保険会社では、全社員約1万人に対してコンピュータの知識を持たせるといった取り組み

を始めている。

一方でリスキリング、特に「ITに対するリスキリングを進める」と表明した製造業はあまり見たことがない。そのような人材育成や仕掛けづくりをしていかなければ、製造業でITの投資効果を引き出しにくい。

セキュリティに強いクラウドサービス

ITを活用する場合、クラウドサーバに工場のデータを全部集めて管理し、活用するのが効率的だが、自社保有のオンプレミスシステムを使っている企業もある。中には「クラウドよりオンプレミスの方が安全だ」と主張する向きもあるが、私としては今後さらにクラウド化が進むと見ている。金融のシステムもこれからクラウド化され、企業が自分で管理するオンプレミスのシステムは減ってくると思っている。

それはなぜかと言えば、クラウドも最初の頃は企業がデータセンタのコンピュータを借り、自分たちで自分たち向けのサービスを作っていた。つまり、自分たちでシステムを運用していた場所がデータセンタになっていた。ただ、自社管理ではセキュリティの脆弱性などへの対応が追いつかず、サイバー攻撃のターゲットとなるリスクが高かった。

今のクラウドシステムは、例えばマイクロソフトの「Azure（アジュール）」であれば、自分たちのアプリをそのサーバ上で使うことになり、セキュリティ対策やシステム自体のバージョンアップはAzure側で対応してくれる。そのため、我々企業の中にサーバルームを運用管理する人材を確保する必要はない（図1-24）。

餅は餅屋で、専門性の高い部分はクラウド事業者にアウトソースし、自分たちのビジネス領域であるTULIPのアプリの部分は自社でしっかり管理運用する、という形になっている。

WebAPIもMESもクラウド経由でデータ連携

世界最大の顧客管理（CRM）プラットフォームであるセールスフォースについて、「顧客の情報がクラウドにあるとは危険極まりない」と考える人はほとんどいないだろう。現在ではどちらかと言うと、「オンプレミスで古いサーバを使っている方が危ない」という話になっている。

世の中全体の仕組みがセールスフォースしかりSAPしかり、クラウドで運

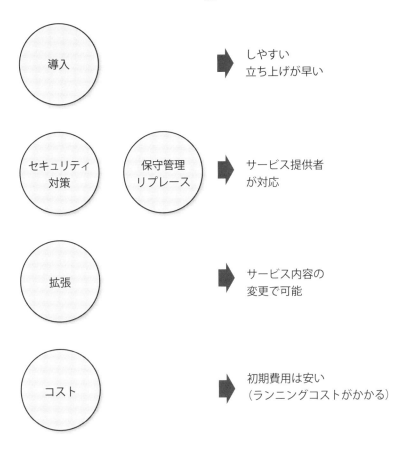

図1-24　クラウド利用のメリット

用され、クラウド上でのデータのやり取りが簡単にできるようになってきている。企業が使うシステムはいくつも種類があるが、それらが異なるサービスプロバイダのクラウドで運用されていたとしても問題はない。

　現在ではクラウドシステム間でのデータの受け渡しが自動的に行われる「WebAPI」という機能が開発されているため、受発注システムから会計の仕組みにデータを移す、製造実行システム（MES）にデータを渡すなど、TULIPを含めてデータの利活用がクラウドシステムを超えてできるようになっている。はるか雲の向こうで、クラウドの利便性はどんどん向上しているのだ。

第2章

日本の製造業でデジタル化の実現に必要なことは

今の時代、デジタル化が重要であることは、どの会社経営者も認識しているはずである。それでも日本の場合、先進各国と比較するとデジタル化で明らかに遅れをとっている。一つには、固定観念がデジタル化への移行を邪魔しているのではないか。ここで言う固定観念にはいくつかあるが、IT化やデジタル化の妨げとなっているのは既存の組織や予算と考える。

工場や組織に横串を刺すデジタル化を

日本の製造業は工場単位で損益を見ている場合が多く、予算配分も工場ごとになりがち。工場をまたぐ共通なシステムに、予算を配分するようなことをなかなかやらない。つまり、工場が一つの会社事業体となっているため、工場同士で同じようなニーズを持っていても異なるシステムソリューションを導入するケースさえある。

同じ会社であるのに違うシステムを採用すると、コストも割高になる。メールシステムが良い例で、今や一つの会社で全社共通のインフラとなっている。一方、工場単位でメールシステムを入れているところはほとんどないだろう。システム投資もこれからは全社共通で優れたものを導入するよう、予算化していかなければならない（図2-1）。

同時に、デジタル化についての会社の推進体制も重要になってくる。工場の中でパソコンに詳しい人がソリューションを選別していたようなやり方ではなく、工場や組織に横串を通し、共通プラットフォームを導入してデジタル化を推進するためのチームが必要になる。

ただ、既存の情シスは新しいシステムを作るより、現在あるシステムの運用・維持を担っていることが多い。DX推進のためには複数の工場や組織を束ねつつ、新しいシステムを立ち上げ、それを最適化していく部門、なおかつ会社の予算として計上する新たな部門が欠かせない（図2-2）。

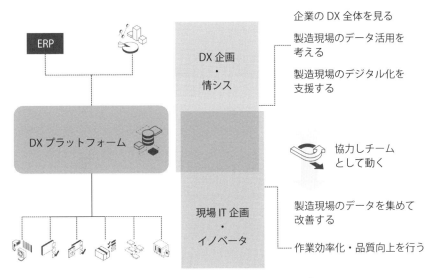

企業の DX 全体を見る

製造現場のデータ活用を考える

製造現場のデジタル化を支援する

協力しチームとして動く

製造現場のデータを集めて改善する

作業効率化・品質向上を行う

図2-1　企画・情シスの活動と現場の活動をつなぐプラットフォーム

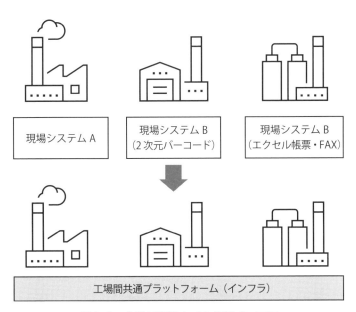

図2-2　企業が構築すべき共通インフラ

一度入れたシステムが長期に活躍するという幻想

　古い経営者の中には、システムは1回導入してしまえば20年間使って、ようやく収支トントンになると言う人がいる。そうした固定観念に縛られず、これからは毎月あるいは毎年一定の利用額を支払うサブスクリプション型のシステム投資が増えてくる。

　IT技術は急速に進むため、最先端の技術をいち早く使うにはサブスクリプション型のシステム投資の方が有利になる。それは、「会社が進化・進歩する上で必要な費用であること」と考え方を変えていかなければならない。

　新しい推進組織を作る場合、社外の専門家なりに助けを求めることは第2次的な意味として必要になるだろう。一方で、経営者はデジタル推進室なり新しい部署を作るに際して、その実効性を社員にきちんと説明して納得を得なければならない。

　よく見られるのは、新しい組織の人たちが何をやったらいいのか理解できていなかったり、あるいは工場長の権限が強過ぎてDX推進部の方針に従わなかったりするケースだ。そこをきちんとベクトル合わせして、統括できるのは経営者しかいない。

不可能を可能にする驚異的開発を支えたもの

　日本の場合、不思議なことに大きな会社になればなるほど、そういうことがやりにくいと言われる。日本の縦割り社会、縦割り組織が影響しているのかもしれない。

　例えば、グローバルでのTULIPの顧客で大手製薬会社がある。ここは、米国人や英国人が集まってITの推進チームを作っている。その下に日本などのローカル工場が入り、命令を受ける。製薬会社は他の業種と少し異なり、合併に合併を重ねて企業規模が巨大になり、他の製造業とは違う文化があるのにもかかわらず、ITに取り組まないと自分たちは生き残れないと認識している。

　新型コロナウイルス感染症が蔓延してからも、ワクチンや抗ウイルス治療薬の開発・実用化での圧倒的なスピードの差が欧米と日本の製薬会社との間に生まれたのは、研究開発だけでなくITシステムに対する認識や、お金のかけ方の違いも影響していると思う。

　それまで一般的なワクチン開発は10億ドルから20億ドルもの開発費用と、最長で10年の時間がかかると言われていた。開発期間が史上最短のワクチン

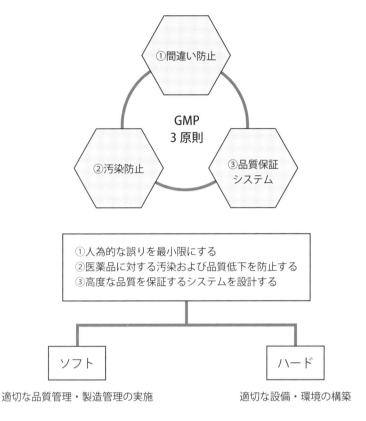

図2-3　GMP3原則と達成へのアプローチ

の一つとされ、1960年代に開発されたおたふくかぜワクチンでさえ、開発まで4年もの年月を要した。それが新型コロナのmRNAワクチンでは2020年12月、開発に着手してからわずか8カ月でFDA（米食品医薬品局）による緊急使用許可を取得、と驚異的なスピードで開発が進められた。

　その際、当事者の企業では何が起こっていたのか。米製薬大手ファイザーは、ドイツのバイオベンチャー、ビオンテックが持つmRNA技術をインフルエンザワクチンに使うため同社と提携関係にあった。新型コロナが世界中に広がりつつある中、2020年3月1日になってビオンテックが新型コロナウイルスワクチン開発をファイザー側に打診、共同プロジェクトがスタートする。

　「不可能を可能にしよう。今まで誰にもできなかったほどのスピードでワク

チンを開発しよう。できれば6カ月以内、遅くとも年内に」。巨額の開発投資の決断をした上で、ファイザーのアルバート・ブーラCEOは2020年3月19日、全社員に宛てあえて挑戦的な課題を与えたと言う[6]。

　製薬業界と言えば、ある有名な英国の製薬会社はパキスタンに工場を持っているとの話を聞いた。医薬品は世界のどこで作られようと、所定の品質を担保しないといけない決まりになっている。そこの工場でも世界品質を保つための体制をとっている（**図2-3**）。

　同じように日本国内の100人規模の中小企業でも、トヨタ自動車に部品を納入しているようなところは、世界クオリティを維持しなければいけない。そのためには、職人の経験値だけで十分というわけではなく、技術継承や品質維持のための投資が必要になる。

■ ITはやるべきことの発見ツール

　デジタル化への対応は、もはや必然と言える。デジタル化を脅威と捉えるのではなくベネフィットと捉え、新しい付加価値を作っていくような取り組みをして、ニーズを先取りしていくことが求められる。とはいえ先取りが重要だとしても、実際には何が本当に成功するのか、未来のことなので明確にわからないことがほとんどだろう。

　しかし、ファイザーとビオンテックのように、先取りの重要性を知っていて懸命にそれに取り組んでいる人たちだけが、その成功に近づいていくことだけは間違いない。最初からゴールがあって、そこを目指すのではない。

　そうした取り組みにデジタル化やITシステムが貢献するのだとすれば、データ分析などの手法により新たな知見を提示することで、「こんなことができるのか」「こんな考え方もあるのか」というように、どんどん自分たちのゴールを狭めていける。聖書の言葉が元になった「求めよ、さらば与えられん」ということわざではないが、目標が見えてくるのだと思う。

　「これをやりたいからシステムを導入しましょう」。従来はこうした目的意識がITのシステム化やデジタル化の動機だったが、目的ありきのその先に、何かわからないがやるべきことの発見ツールとしてのITの意義も大きいのではないか。そうなれば、企業のデジタル化のサイクルは今後どんどん回っていくことになる。

2-2 デジタル化ができないとどうなる

　世界中で革新的な事業立ち上げがブームとなる中、さまざまな分野でベンチャーやスタートアップが登場し、新技術や新たなビジネスモデルで急成長を遂げることでITやモノづくり業界に変革をもたらしている。従来の製造業もIT企業も、実は同じことである。「新しいことをやらなければ成長はない」。課題が複雑化し、グローバルでの市場競争が激しくなる中で、こうした冷徹な事実を理解している経営者は、そこにお金をどんどん投資して本当にその素晴らしいコンセプトを持った人をリーダに据え、新たな目標に挑んでいく。

　一時代を築き上げた日本の製造業も、過去の誇りは過去の誇りでいいとは思うが、できればITベンチャーのような野心的なマインドを持っていたい。新しいものに対してどんどん取り組み、顧客向けに新たな価値を創出していく。反対に製造業であっても、デジタル化への対応が遅れると負け組になってしまうことを、私としては懸念している。

ITやAIを使えば仮想検証が容易に可能

　話題の生成AIのように、いきなり大きなものに飛びつかなくても、できるところから着実にデジタル化を進めていくべきである。「これは非常に価値があるものだ」といったん認められると、日本人は我も我もと横並びで飛びつく傾向は否めないが、その一方で実は自分たちで独自の価値を創出する「オンリーワン企業」が、日本の製造業にも結構多い。こうしたオンリーワン技術なりノウハウを、どうやって維持・進化させていくのかもカギになる。

　さらに、これまで試行錯誤やトライアンドエラーでやってきたところを、現在はITやAIを使って仮想的に検証していくことが可能になっている（図2-4）。そのために、例えば人が実施した作業について客観的なデータをどう収集するか、ビッグデータをどうやって可視化するか、そうした取り組みを進めていかないと、従来の経験と勘だけでは早晩壁にぶつかってしまう。

　デジタル化ではまず、データをどんどん収集するのが1番目。2番目はその蓄積したデータをどう分析するか、さらに3番目にその分析した結果をどう改

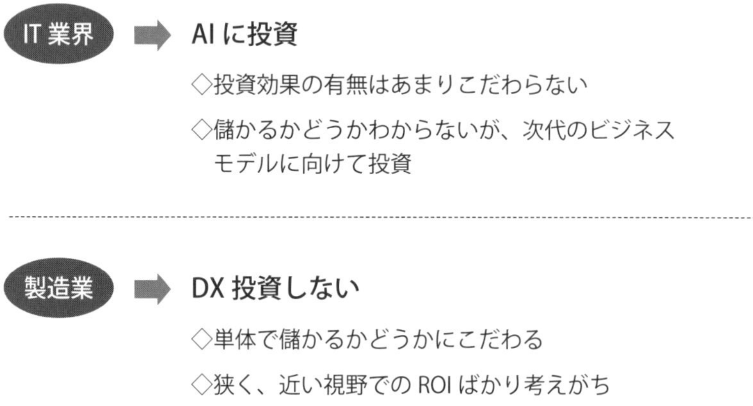

➡ **AIに投資**

◇投資効果の有無はあまりこだわらない

◇儲かるかどうかわからないが、次代のビジネス
　モデルに向けて投資

製造業 ➡ **DX投資しない**

◇単体で儲かるかどうかにこだわる

◇狭く、近い視野でのROIばかり考えがち

図2-4　IT業界と製造業のAI投資への感覚の違い

善に役立てるかと進んでいく。この三本柱が重要になる。

　そのため、IT業界でも生成AIを含め、AIへの投資が活発になっている。それがすぐ利益につながるかではなく、次の時代のビジネスに向けた投資とIT各社は判断しているためだ。

DX投資は将来に向けたビジネス創出のため

　翻ってこれまでの製造業では、現場の職人の頭の中で勘と経験をベースに、モノづくりをやってきた会社も多い。

　それがITの力を借りることで、職人が10年で新しいことをようやく一つ達成していたのが、これからは例えば1日で一つできる時代になるかもしれない。そのときにまだ紙を使って作業していると、同業他社に確実に遅れをとってしまう。さらに、DXの波に注目している製造業は多い半面、DXを導入して果たして儲かるのかどうかというように、目の前のROI（投資収益率）重視の狭い視野で捉えている向きも見られる。IT企業と単純比較はできないが、将来に向けてビジネス創出のためのDX投資という視点が足りないような気がしてならない。

　初代の創業社長がカリスマで、経営者の代替わりが起こっている例が日本の製造業で結構多いと前に書いた。2代目の中には代替わりを機に、それまでのアナログな経験値に頼るのではなく、「データできちんと分析していこう」と

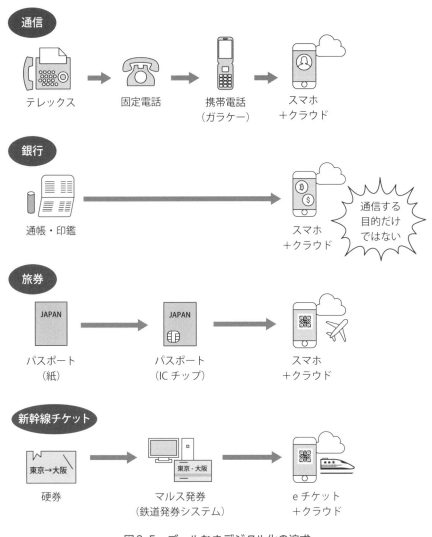

図2-5　ゴールなきデジタル化の追求

いう若手も出てきている。

　固定観念イコール古い社長なのかもしれないが、これからの時代はデジタル化を一つでも前に進めながら、「ゴールなき目標」を目指すことこそ固定観念を一掃し、会社を成長に導くことにつながる（**図2-5**）。

2-3 経営者が行うべきこと

　実際にデジタル化を進めるのは若い人たちで構わないと思うが、変化の激しい時代にあってこれからの経営者が行うべきは固定観念を捨て、デジタル化するための「人とお金と場所」をきちんと準備することだろう。

　以前であれば、製造現場に新しい工作機械を導入することで生産効率が向上し、生産量を増やすことにより売上増が期待できる、という比較的わかりやすい話だった。しかし、世界中で企業同士の競争が激しくなり、しっかりした環境対応も求められ、さらにユーザニーズが多様化する中、今ではそうした単純な世界ではなくなってきている。

■ 不確かな時代の「資金の投じ方」

　「VUCA（ブーカ）」という流行りの言葉がある。Volatility（変動性）、Uncertainty（不確実性）、Complexity（複雑性）、Ambiguity（曖昧性）という四つの単語の頭文字をとった造語で、現代の社会情勢を象徴するワードとして盛んに使われている（**図2-6**）。

　一方で「投資」という言葉は「資産を投げる」と書くが、まさにVUCAの時代にあって、我々は最終的にどうなるかわからないところに対して資金を投じるということにもなってきている。

　そこで会社としても発想を転換し、システム投資についてはコストではなく、社員と同じように会社の運営に必要な固定費である、と見方を改めることが求められている。例えば、お金がかかるから人材は採らない、という会社はほとんど見たことがない。同じように、情報システムを導入しないと、変化の激しい時代に情報武装をせず徒手空拳で挑んでいくことになる。

　そうなると会社がうまく回らず、どんどん右肩下がりになっていってしまうおそれがある。さらに、このように発想転換していかないと、社員みんなで本当に新しいモノを作っていこうという雰囲気にはなかなかなりにくい。

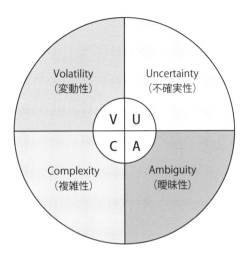

図2-6　現代社会を象徴するVUCA

IT投資に対する考え方

　人とシステムというのは似ているのではないか。どちらもない状態で、すべてロボットを使って製品を作るのは100％無理だろう。

　人の代わりをするためにシステムを入れる、人ができないことを補うためにシステムを導入するということでもあるため、人とシステムは工場において補完関係にある。すなわち、システムだけがあってもダメ、人だけがあってもダメ。両方を「コスト」ではなくて「投資」と考え、経営者としてはそのような場づくりや、そのための資金を用意することが重要な役割になる。

　私がかつて在籍したIT業界では、毎年売上高の何％をシステム投資に回したり、利益の何％をシステム投資したりといった目安を設けている会社が多かった。IT企業では社員が新しいIT技術を身につけなければいけないため、システム投資や人材採用に力を入れ、勝ち組企業は優秀な人間をどんどん採用していく。IT企業と製造業を単純には比べられないが、製造業も同じ考え方が必要だろうと考えている（**図2-7**）。

製造業のCIOにIT業界出身者を起用する例も

　また情報システムについて、工場を串刺しにしてDXを推進するリーダ的な存在、CIO（最高情報責任者）やCDO（最高デジタル責任者)/CDXO（最高

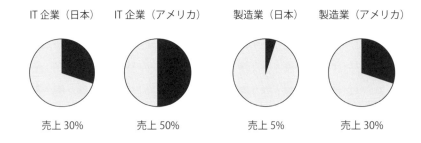

IT 投資額

IT 企業（日本）　　IT 企業（アメリカ）　　製造業（日本）　　製造業（アメリカ）

売上 30%　　　　売上 50%　　　　　売上 5%　　　　　売上 30%

国内では先進的と見られる IT 企業も
米国の製造業と同程度の IT 投資傾向にある

図2-7　売上に対する投資額の比較イメージ

DX責任者）と呼ばれる人材もますます必要になるだろう。

　例えば化学業界では製造分野のDXにとどまらず、ITを使って効率的に材料探索を行う「マテリアルズ・インフォマティクス」と言われる研究開発分野でのDXが注目されている。これより前に生命科学・製薬分野では、化合物の探索や化合物同士の相互作用のシミュレーションをコンピュータで効率的に行う「バイオ・インフォマティクス」と呼ばれるIT活用が盛んに行われている。

　これを受けて国内の複数の大手化学会社などが、大手IT企業からCDO人材の招聘に乗り出す事例も出てきた。同じように、大手損害保険会社でもIBM出身者を迎え入れてDXを構築したという事例がある。

　このように本当にITで何をすべきかわかっている専門家が、IT業界から製造業に入るケースは今後も増えるのではと予想している。

経営者は外部招聘者に働きやすい環境を用意せよ

　日本では、もはや終身雇用制がなくなったとも言われる。その半面、製造業ではほぼ終身雇用のような慣例がまだ残っている。こうした雇用環境下にあって、人材の流動化はなかなか進みにくい。

　そのため、エンジニアも自分の会社で覚えた技術をずっと使い続けるような傾向にある。それに対し、今後はCIO/CDO的なITトップ人材を外部から招聘したりすることがDXを推進する上では必要になるだろう。

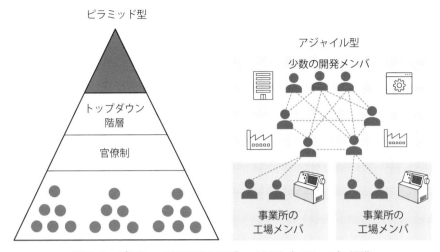

図2-8　ピラミッド型組織とアジャイル型（フラット）組織

　ただ、そうした終身雇用的なプロパー社員が大半を占める制度の下では、外部から招聘した人材がやりにくい部分も結構残っていると思われる。そこで大事になるのが経営の関与だ。新しいDXのリーダの指示にきちんと従うよう経営者がリーダに権限を与え、そのことについて経営者から社員にしっかり説明し、納得させることが大切になる。

アジャイル型組織への移行を急ぐ

　日本は製造業に限らず、超ピラミッド型の階層構造をとっている会社が多い。よく言われるように、それが社内で稟議を回したり、経営判断の遅れにつながったりしている部分はある。

　これとは対照的に、IT業界は階層の少ない比較的フラットな組織になっていて、プロジェクトを素早く迅速（アジャイル）に回すためアジャイル的組織とも言われている。要は、プロジェクトごとに組織を編成していこうという方向になっている（図2-8）。

　日本の場合、プロジェクトごとに組織を組み替えるというのは全体的にあまり進んでいないのが実情だ。しかし、社会・マーケットの情勢変化や、新プロジェクトの立ち上げに合わせて機動的に組織を立ち上げる、人材を採用・登用するという流れは今後強まっていくと見ている。

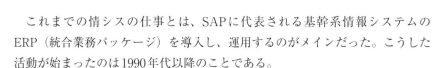

2-4 システム導入の考え方を変える

　これまでの情シスの仕事とは、SAPに代表される基幹系情報システムのERP（統合業務パッケージ）を導入し、運用するのがメインだった。こうした活動が始まったのは1990年代以降のことである。

　一方で、国内のIT業界を中心に衝撃をもたらしたのが、経済産業省が2018年の「DXレポート」の中で報告した「2025年の崖」と言われている[7]。これは、複雑化・老朽化・ブラックボックス化した既存の古いシステム（レガシーシステム）を使い続ける企業が、国内に多数存在することのリスクに警鐘を鳴らしたものだ。

　同レポートでは、こうしたレガシーシステムがDXの阻害要因となるばかりでなく、デジタル化の国際競争で日本の足を引っ張り、2025年以降に既存システムが残存することによる経済損失が、最大で年間約12兆円にも及ぶ可能性を指摘した。

レガシーシステムの保守・運用より新しい価値創造を

　レガシーシステムを使い続けることは、システム会社に対して年間1億円あるいは2億円という保守費用を継続して支払い、古いシステムを運用し続けることを意味する。こうしたレガシーシステムに対して、新しいことを試みようとする情シスの人はほぼいないだろう（**図2-9**）。

　同様に、製造業に入社して情シスをやりたいという人もほぼ見られない。新しいことをやりたいならIT業界やスタートアップに行ったり、自ら起業したりするはずだからだ。つまり、製造業における情シスは花形の組織ではない。ただし、これからの製造業の中のDX推進部門は花形部門にならなければいけない。

　つまり、古いレガシーシステムが止まらないよう保守・運用するのではなく、新しいことを創造するシステムの人たちが必須になる。前項で、大手IT企業出身者を入社させてDX化に踏み切った事例に触れたが、チームづくりでも社内だけではなく社外の力も借りながらベストチームを立ち上げ、やってい

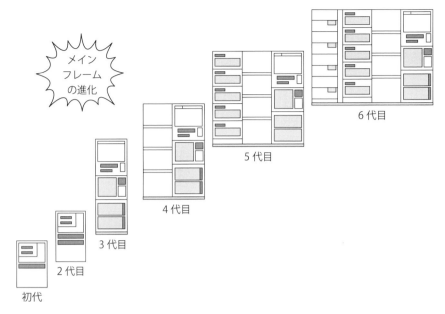

図 2-9　レガシーシステムを活用する限界

かなければいけない時代を迎えている。

　その関連で言うと、製造業がIT企業に出資や投資するようなことも頻繁に起こってくるのではないか。当社の親会社であるDMG森精機でもIT子会社を設置したり、米国のTulip社を含めてIT企業に出資したりしている。DMG森精機は製造業に属しながらもITの重要性を十分に理解し、ITにシフトしている好例と言っても過言ではない。

　ただ、日本の製造業で言えば、一流だったり巨大だったりする企業だけが存在しているわけではない。大企業はIT企業を子会社化したりできるが、一方で中堅・中小企業はどうすればいいのかというと、やはり良いIT製品をうまく活用することに尽きるのではないかと考える。

付加価値を引き出せるITサービスが見えているかどうか

　日本の会社を訪問し「TULIPを使ってみませんか」と営業に行くと、「ライバル企業や競合製品は何ですか？」と必ず質問される。

　ライバル製品を引き合いに出して、安い方を購入するというのが日本企業の

定番のやり方だ。そこで「TULIPには実はライバルがいないですよ」と答えると、「そんなわけないだろう？」と工場の方々に返されることが多い。

　顧客企業の中に「このITサービスは優秀で価値が高い」と判断できる人が存在しない場合、よくあるのが競合製品の名前を挙げさせて、製品ごとに○×△の評価を書き入れることだ。A社80点、B社60点と得点をつけて、「ではA社にしよう」となるのだが、そういうやり方ではなく、本当にその製品の付加価値は何なのかを見極められる人がいないと意味がない（図2-10）。

　例えば、本人はシステムのプログラミングができなくとも、「今後はこういう世の中になっていくだろうから、こういう技術が必要だ。それを実装するためにはこうやるのが近道だ」という先見の明を持つような考え方の人が、製造業でのCIOやCDO、CDXOのようなITリーダとして相応しい。

　逆に「ITシステムはやはりコスト。コストが安い方がいい」方を選ぶのだとすれば、将来的な付加価値を見極めずに、今ある課題だけ解決できればよいとの発想なのだろう。

▤ 固定観念に縛られず発想を広げる

　こんな機能もありますよ、AIも実装されますよと説明しても、「今、ウチの会社にそんな機能は必要ない」と冷ややかな反応を示す担当者もいる。つまり、目の前の課題を解決するための、最安値のソリューションを選ぶという発想しかないためだ。そこはやはり新しい価値創出にはほど遠い、固定観念の最たるものと言える。

　実際にはどのように業務を改善していくか、その時点ではっきりわかってなくてもよしとしたい。固定観念に縛られず、これから取り組むことになるであろう業務改善に向け、「最も適切なソリューションは何だろう」「一番業務改善しやすいやり方は何だろう」と発想を広げながら、さまざまな改善策の可能性を試せるTULIPのようなITソフトウェアを選択するというやり方もあるのではないだろうか。

本質ではないシステム選定 "三種の神器"

①比較表

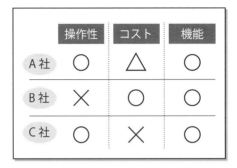

②導入事例

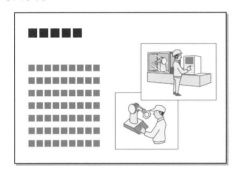

③投資効果

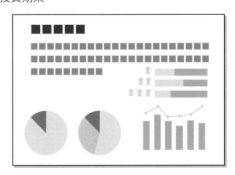

図2-10　日本企業がシステムを選定する基準

2-5 データの可視化と分析

　収集したデータを可視化して積み上げていくことによって分析し、それを改善につなげるにはどのようなツールがいいのだろうか。それには、まずデータを貯められるような仕組みがないといけない。

　ただ、データを持つことの付加価値がそもそも理解されていない場合、何のためにそのデータが必要なのかを問われることが多い。これまでは現場の職人が勘と経験でうまく仕事をこなしていたことで、実績をデータ化する必要がなかったのだ。

■ データの分析で熟練技能を補う

　ところが、会社を取り巻く外部環境は激変し、今後も変わり続けていく。特に日本の場合、間違いなく労働人口が急速に減り、それに応じてスペシャリストがどんどんいなくなってくる。そうなると、熟練技能者がいない中、以前と同じものを作ろうとする場合にはそのためのデータが不可欠である。さらに職人の上を行くものを作ろうとするなら、そのデータを分析することで可能になるかもしれない（**図2-11**）。

　米国や中国では、製品の品質が100%でなくても出荷するという例を述べた。一方の日本企業は品質重視で、社内基準を100%満たさないと出荷できないカルチャーを持つ。そうしたカルチャーはそれでいいと思うが、現在は製品のライフサイクルが短くなってきており、時間をかけて100%の品質を達成した頃には競合他社の新しいコンセプトの製品が出回り始めたりすることも想定される。これでは市場競争で勝つのが難しい。

　トラブル自体は良くないことではあるが、トラブルの原因を把握できていないことはさらに悪い。それが、トラブルが発生しデータによって何らかの不備がそこにあったことがわかるようになると、データを持つことでそのトラブルを解析することができる。

　経営学の本には、失敗が実や肥やしになると書いてある。製造業のデータ化も同じものだと思う。やること全部が成功していたら、わざわざデータを取る

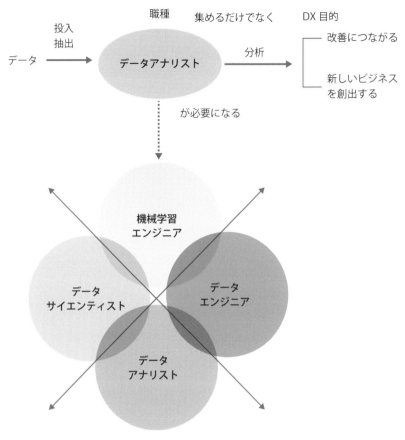

図2-11 データアナリストの役割

必要性はない。失敗のデータをどのようにして見つけるかを追究していくことが、次の業務改善につながる。

失敗か成功かを判断する尺度も、経験値や見た目ではなくて、客観的なデータに基づいていなければならない。失敗について誰が悪いと追及するためでは決してなく、失敗のデータが取れたということは改善の余地があるはずと考えられる。反対にデータを改竄して隠蔽したら、改善する余地がそもそもなくなってしまう。これはなかなか難しいことかもしれないが、企業のカルチャーを失敗に向き合うように変えていかないと、本当の改善にはつながらない。

機械による測定で客観性を保つ

あちこちの製造業を訪ねて営業しているときに少々驚いたのは、各社の品質管理部門があまり予算を持っていないことである。製造業は品質管理こそ命であるはずなのに、そこにお金をかけて新しい手法を取り入れたり、精度を上げたりするような取り組みが実行できていない会社が多い。つまりは、昔から続けている品質管理手法でミスを出さなければいいという発想なのかもしれない。

品質管理担当者が「この製品は不合格です」と現場に持っていくと、「キミたちの品質管理がおかしいんじゃないか？」と文句を言われる場合もあると聞く。これは想像だが、品質管理は他部門に比べてそれほど地位が高くないのかもしれない。

しかし、これが担当者ではなく、自動的に計測データで出てきたらどうだろう。品質管理担当者としては「自分がやったのではなく、この機械が測定した結果です」ということで、現場に対して公正な形でフィードバックが行えることになる。

つなげてこそ発揮するデジタルの威力

製薬業界などでは法律で規定されているため、製品の品質管理が徹底している。人の命や健康に関わっていることもあり、製薬業界は他の製造業に比べ、品質管理に多額の投資をするカルチャーができているように思う。

逆に製造現場に設置された三次元測定器はかなり高額で、いったん購入すると長期間使えることでなかなか更新が進まない場合が多い。そのため、OSが古くなるなどしてネットワークにつながらないことも生じる。こうしたことから、ある製造業では多数の検査項目をエクセルに手で入力し、データ登録をしていた。そこにTULIPを導入したところ、データを自動的に取り込んで合否判定までできるようになった（図2-12）。

このようにネットワークにつながっていないがために、結局は人が入力することでデジタルなのにデジタルではない装置が、世の中の工場にはまだ多数存在する。このような場面でも、TULIPを使えばクラウドを介してすべての設備をつないでいける。古い機械でもまだ使えるのであれば、TULIPで何とかしてデータを取れるように初めから考慮がなされている。

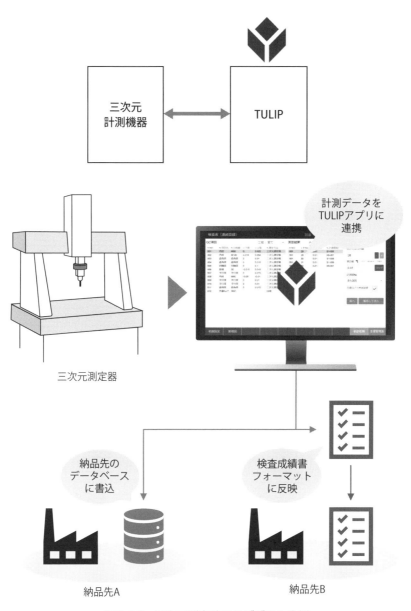

図2-12　三次元測定結果のデジタル化例

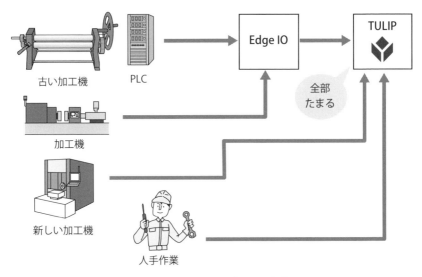

図2-13 すべてのデータを取得

古い機械の出力信号を取る

　以前に訪問した会社で、古い汎用の研磨装置を使っていて非常に興味深かった。20年前に購入した機械だそうだが、調子良く稼働していた。そこの会社の人に「これ、信号取れますかね？」と聞かれ、機械の裏側を覗いてみるとアナログの出力端子がある。そこで「データは取れると思います」と答えたのだが、装置メーカに聞かないとどのような種類のデータが出てくるのか、まったく想像がつかない。20年前の機械ですでに仕様書もなく、社内でわかる人ももちろんいない。

　20年前の機械でも稼働データを取るという発想はあったのだが、その会社ではデータを取らずに継続して使ってきたとのことだ。古い機械でもアウトプットの信号があれば、データ化してどんな種類のデータが出力されているかを分析できる。ただ、現場としてはこの機械を止めるわけにもいかず、動かし続けなければならないとの話だった。

　データを取るのであればそこに新しいセンサを取り付け、古いインターフェースがあればそこからどのようなデータが出ているかを検証することができる。いずれにしても、データを見えるようにするだけではなく、そのデータを取り続けて分析することが大事であり、時間とそのための体制づくりが必要になる（図2-13）。

2-6 誰が行う

　データの重要性を理解しているのはカリスマ経営者ではなく、むしろ若い人たちではないだろうか。データがあることの善し悪しを理解せずとも、感覚的にデータをやり取りしている人たちのことだ。スマートフォンなどを通して身をもってデータの利便性を享受している。

　例えばスマートフォンでグーグルマップを開き、その近辺で美味しいと評判の料理の店を検索すると、地図上にレストランが表示される。最初からこの店に行こうと決めてからではなく、この辺に何があるのか調べ、利用者の評価まで見られるというのがデジタル地図の付加価値にもなっている（図2-14）。

IT製品/サービスの目利きを探せ

　グーグルマップは日本だけでなく、もちろん米国に行っても、欧州でもどこでも使える。場所を問わずにほぼ世界中で使用できる。これがクラウドシステムの大きな特徴だ。

　日本ではVICSという日本独自の混雑情報を計測する仕組みがあるが、グーグルの混雑情報は実際に動いている車の情報をGPS信号でリアルタイムに測定している。つまり、日本とは違う形でどこにいても混雑情報が取れるという発想であり、実際にはビッグデータ解析を活用している。

　これはほんの一例に過ぎないが、クラウドというのはこのようにどんどん進化していく。

　スマートフォンの地図アプリを選ぶ際、競合はどこかと探さずに、普通はグーグルマップ/Appleマップを選ぶ。同じように、製造業向けのシステムでどこがいいか選ぶとするとどうだろう。そうした優れた製品やサービスを選べる目利きのような人材、つまりこれから20年、30年の変化をある程度予測し、それに合わせたソリューションを選べるような人材が実は企業の中で不可欠になる（図2-15）。

図2-14　デジタル地図の付加価値

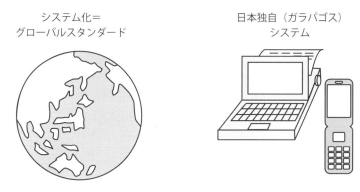

システム化＝
グローバルスタンダード

日本独自（ガラパゴス）
システム

図2-15　日本独自の仕組みが負け続けてきた歴史

製造業の業務においてもIT/DXの比重は高まる

　話は若干それるが、IT業界に絞ると日本発のイノベーションがないわけではない。世界初の携帯電話インターネットサービスとして1999年に登場した「i-mode（アイモード）」や、日本語ワープロソフトの「一太郎」も一世を風靡した。しかし、その後の激しい国際競争で脆くも敗れ去ってしまった。企業が将来を見据えて積極的に研究開発投資を行い、こうした新製品や新サービスを創出していく活動はもちろん大事だが、それを世界のスタンダードとして根づかせるには、研究開発とは別の次元の知恵や努力が求められる。

　「インダストリー4.0」が示すように、業務の中でITやDXの比重が今後高まっていく製造業においても同様に、積極的なIT投資やIT人材の活用、IT的思考が求められるようになるだろう。国際市場での日本のIT敗戦を苦い教訓に、ITやDXをきっかけとした日本製造業の敗北は避けなければならない。

IT人材をいかに得るか

　そうなると、製造業でモノづくりをしたい人だけを採用するというのではなく、「製造業で最新のIT開発に取り組もう」「製造業を変えていこう」というようなマインドを持った人たちをどんどん採用していった方が、本来は道理にかなっている。ただ、製造業にとって実際にはまだハードルが高い。というのも、現在どの業種もIT担当人材が足りなくて困っているためだ。

　産業界ではITリスキリングが声高に言われているものの、私を含めた中高年がリスキリングしてもなかなか新しいスキルを覚えられない。最初からIT

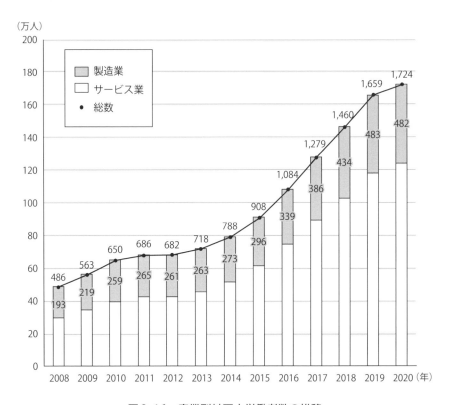

（万人）

図2-16　産業別外国人労働者数の推移

出所：厚生労働省、「外国人雇用状況」の届出状況まとめ（2020年10月末現在）

のできる人はあまり存在しないため、やはり経営者がしっかりした方針を示しつつ、社内の若い人たちにITの重要性を理解してもらい、ITの推進部門を担ってもらうのが近道かもしれない。

　実際問題として、製造業でIT人材を採用するのはそれほど簡単ではないだろう。今、製造業で一番足りないのは現場の作業者であり、その部分を外国人労働者で補強しようという発想は出てくるが、IT人材はIT企業を含めて引っ張りだこの状態。海外のIT人材の活用も含めて、当然ながら採用面での費用や給与体系も考えなければいけない（**図2-16**）。

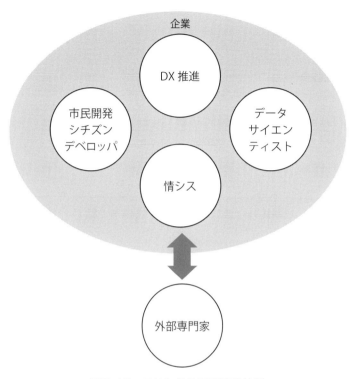

図2-17　これからのIT関連の体制

経営者もITの付加価値を自ら理解する

　機械などの製造業においては、今は工作機械を操作できる人が一番重宝というレベルで、それを外国人労働者でも使えるようにしようという段階まできた状況にある。それに、すべての会社がIT人材を採用できるわけではない。製造業のカルチャーをいきなり全部変えるのは難しいかもしれないが、経営者がそのような環境を用意して前向きに人材を採用する、あるいは外部専門家やコンサルタントに話を聞くことも有意義である。

　もちろんITの知見が深まらないと、外部にはDXを標榜しながらも、IT自体の付加価値がわからないままの会社組織という最悪の状態になりかねない。製造業の経営者の最もやるべきことの一つが、自らITの重要性を認識し、ITの付加価値がわかる人材を増やしていく活動だろう（**図2-17**）。

2-7 最先端のIT動向を知る

　最先端のIT動向を知るのは重要だが、実は簡単なようで難しい。

　インターネットがあることで情報は取りやすいと思われがちだが、実際には情報が多すぎる。中にはあやふやな、あるいは誤った情報がネット上には多数存在している。また、日本国内のIT企業や販売会社から情報を仕入れると、その段階で企業の色がついてしまっているリスクもある。

▦ 口コミではなく第三者の評価を重視

　正しい情報を入手するきっかけとしては、米国のガートナー（Gartner）のようなIT調査会社の評価が公正かつ公平で参考になる。国内であれば、矢野経済研究所や富士経済研究所といった第三者が評価したものを、手がかりにするのが適切ではないだろうか。

　そうした調査会社の評価レポートを参考に、自社に必要なものは市場に何があるか見ていくと、マッチングするのは1社にとどまらず数社程度浮かんでくることと思う。この場合、日本国内のソリューションだけにこだわらず、ワールドワイドな観点で見た方がいい。なぜかと言うと、日本のソフトウェアで将来にわたって生き残っていけるものはない、と私は見ているからだ。

　日本の工場に行くと、「あの会社は何のソフトウェアを使っているか知っていますか？」と聞かれる場合がある。その会社が使っていれば導入しても大丈夫だろうとの考えによる。単なる口コミ情報であり、客観的な評価ではないが、日本企業の担当者はそのような情報に弱かったりする。口コミを鵜呑みにするのではなく、一歩でも二歩でも競合他社に先んじることを希望するのであれば、どんどん進化していくソフトウェアを積極的に探し出すべきである。

▦ 最適なソフトウェアを絞り込む手段

　私の意見として、ガートナーがテクノロジーやサービスプロバイダの相対的な位置づけを毎年調査した「マジック・クアドラント（Magic Quadrant）」と呼ばれるレポートが役に立つ[8]。特にそこでの「チャレンジャー」という領域

84

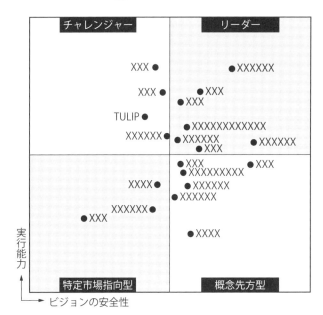

チャレンジャー　　　　　　　リーダー

XXX ●　　●XXXXXX

XXX ●　　●XXX
　　　●XXX
TULIP ●
XXXXXX ●　　●XXXXXXXXXXX
　　　●XXXXXX　　●XXXXXX
　　　　●XXX

●XXX　　　　●XXX
●XXXXXXXXX
XXXX ●　　●XXXXXX
　　　●XXXXXX
XXXXXX ●
● XXX

●XXXX

実行能力

特定市場指向型　　　　　　　概念先方型

→ ビジョンの安全性

出所：ガートナー（2022年5月）

図2-18　TULIPが「マジック・クアドラント」のMES部門でチャレンジャーに選出

に掲載された会社のソフトウェアに注目したい（**図2-18**）。

　逆にガートナーでは、「リーダー」という領域で残っているソフトウェアには少々注意が必要である。リーダーの名前の通り、これ以上ないというぐらいマーケットを取りまくっている。製品として衰退することはないのかもしれないが、この先は技術的に大きな進歩が見込めないと思われるためだ。

　一方で、チャレンジャーの方がリスクがあると思われるかもしれないが、ガートナーの分析においてチャレンジャーに位置することは、ある程度のステージをクリアしている証とも言える。ガートナーはかなり細かいセグメントで分析しており、自分たちに何が欲しいというのがわかれば、取っ掛かりとして最適なソフトウェアを絞り込んでいくことは可能であろう。

　ただ、ガートナーに調査を依頼すると料金が高いというデメリットもある。そこで公開情報からアプローチし、自分たちが欲しいものは何か、グローバルではどのような製品が売れているのか、というおおよそのところを把握できれば、あとは最先端の技術を選択していけると思う。

敷居が下がったグローバルのソリューション

　基幹システムのSAPについても、昔から導入費用が高いと言われてきたが、最近ではサブスクリプションのサービスが増え、少人数のライセンスであれば割安に利用することができる。私が在籍するT Projectでもセールスフォースを入れているが、たかだか社員9人の会社で、昔だったら料金面でも絶対に使いこなせなかったと思う。今のように月々わずかな金額で、小さい会社でも最高のソリューションを活用できるようになったのは非常にありがたい。

　グローバルが相手のソフトウェア企業だと、顧客数も世界の何十億人をターゲットにしているため、人口1億人の国を対象にしたソフトウェアとはそもそも大きな違いがある。

　顧客が多いということは収益も大きいので、システムがどんどんバージョンアップされていく。これに対して日本発のソリューションは、日本で売れたらそこからのアップデートはなかなか期待しにくい。世界で活躍するITソリューションは、国に限らず世界規模で顧客が増えていくため、新機能も頻繁に追加される傾向にある。

個別仕様がいけない理由

　こうしたソフトウェアは、最初からグローバル向けにシステムが作られているのがほとんど。日本のソフトウェアの場合は個別顧客の要望を聞き入れて、その企業向けに作り込んでいるようなケースも見られる。もちろん他社向けには使えないし、外国ではなかなか通用しないという状況にある。

　製造業のシステムでも同じようなことが起こっている。情報システムは、残念ながら1回入れたら新しいものには変更しにくい。さらに、その会社にカスタマイズされた手作りのシステムを入れてしまうと、最悪はその会社でしか使えないデータになってしまう。

　つまりデータ移行ができず、他のシステムに載せ替えることがほぼ不可能になる。結果的に追加料金を出さない限り、システム会社は新しい機能を作ってくれない。こうしてユーザ企業は20年前のシステムを使い続ける羽目になり、これはまさに悪循環と言える。

2-8 最適なIT技術を選ぶ

　ITの最新動向を知り、自社のニーズに合った最適なものを選ぶということに加え、今後はITシステムを活用して業務を改善し続ける活動がより重要になる。ところが何度も言うように、これまでのシステム導入は1回入れたものについて変更をあまり行うことなく、同じシステムを使い続けるケースが多かった。

　これとまったく異なるのが、ソフトウェアのサブスクリプションサービスである。毎年毎月、使用料金を払いつつ、サブスクリプションのサービスで新しいことをやろうとしたら実際にできてしまう。

　セールスフォースでもTULIPでも、このような機能を使いたい・作りたいという場合に、自分たちでアプリケーションを作っていける機能を標準で備えている。こうしたアジャイル式かつサブスクリプションのソリューションこそ、システムを作りながら業務改善を実現できるツールだと言える。

業務への適用や改善に効くアプリを簡単作成

　サブスクリプションサービスでは、クラウド側のシステムに新機能がその都度搭載されるので、これらを試しながら新しいアプリを作っていくことが容易にできる。これが特徴の一つ目で、例えばAIの機能が提供されれば、それを業務に適用していくことも可能である。

　二つ目は改善のためのデータ分析だ。不具合があったような場合に、蓄積されたデータから何の不具合か分析を行い、その結果、システム的にこうすれば問題を解決できるということがわかれば、そこでまたアプリを作成して改善につなげられる。クラウド会計サービスで言うと、2023年10月から実施されたインボイス制度に対応するための新機能が搭載されたり、他の顧客とデータのやり取りが必要になれば自分たちでデータ交換のためのモジュールを作って実行したりできる。

　アプリを作って自社業務に役立てたり、改善に使ったりする場合向けに、簡単なプログラミング機能も備わっている。TULIPにも、専門家でなくともプ

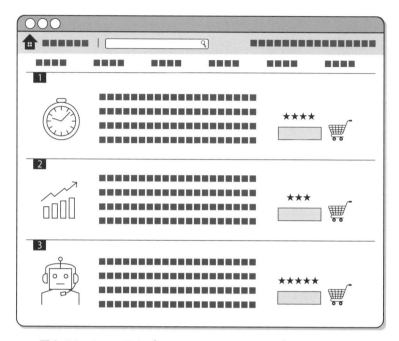

図2-19　AzureおよびAWSのソリューションパートナでもある

ログラミングが簡単なコード記述で行えるローコードに対応している。

製造業向けクラウドサービスが充実一途

　TULIPは製造業向けのITソリューションと紹介されているが、製造業では少量多品種の製品が増えている。ただ、新製品が出るたびにそれに対応した品質管理の方法をすべてシステム化しようとすると、今までのやり方では難しい。そのような業務向けに自分たちでローコードのアプリを作ったり、改善を行ったりする際に重宝する。

　AWSやマイクロソフトのAzureなど、いわゆるクラウドのサービスプロバイダ側でも製造業顧客の開拓に力を注いでいる。なぜかと言えば、製造業はIT業界にとってまだ市場の成長拡大が期待でき、競争相手の少ないブルーオーシャンであるためだ。

　TULIPを例にすると、マイクロソフトともAWSともパートナ契約を結び、TULIPをAzure経由、あるいはAWS経由で購入することができる。マイクロ

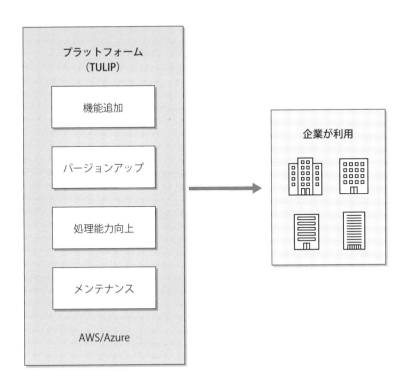

PaaS（Platform as a Service）

図2-20　進化するPaaS

ソフトがアプリを販売しているのは、マイクロソフトのクラウドサービスも一緒に使ってもらいたいとの狙いがあるためだ（図2-19）。ちなみにTULIPは、日本国内では日本リージョンのAzure上でサービスを提供している（2024年6月現在）。

　なかなか外からは見えづらいかもしれないが、AWSもマイクロソフトも製造業向けのアプリをクラウドサーバ上でいろいろ公開している（図2-20）。少なくとも、アマゾン、マイクロソフトという目利きが選んだソリューションだけに、そこに載っているソフトウェアはそれなりにレベルの高い製品が揃っているのは言うまでもない。

第3章

知らないでは
済まされない
実現方法

3-1 製造業向けローコードプラットフォーム

　まずローコードプラットフォームを前提に、日本のソフトウェア産業について説明しておきたい。

　特に製造業向けのソフトウェア産業を見ると、例えばA社でその会社専用のソフトウェアを作成して利用したところ、使い勝手が良かったとする。それを知ったB社から、同じものを使いたいとのオファーがあって、横展開していくような形が多い。

　一方、欧米のソフトウェア会社の場合は、最初から世界のマーケットに売っていこうとの意識が強い。初めからある一社向けに固定したものを作っていないため、業界標準やグローバルスタンダードを取り込みながら開発する。なおかつ、顧客数が日本の国民の1億人レベルではなく、世界の人口あるいは製造業の数を念頭にしているためソフトウェアとしての寿命が相当違う。

　これはTULIPにとどまらず、SAPやセールスフォースなどでもそうだろう。結局、日本のソフトウェアは痒いところに手が届くように、念入りに作ってあるので多くの会社が購入するが、最後はグローバルスタンダードな欧米企業によるソフトウェアになってくる。それが、日本でソフトウェア産業が伸びない確固たる理由であり、事実だと思っている（図3-1）。

　そのため、世界がIT技術を使ってどんどん小さくなっていく中で、世界で勝負しているソフトウェアプラットフォームを選択しなければいけないと肝に銘じる必要がある。

グローバルな評価を知っておく

　先日、米国のTulip社のCTO（最高技術責任者）が来日した際、「日本にライバル製品はあるか？」と聞かれたので、「真正面からライバルになるものはないが、どこか一部分だけドライバー（牽引役）になるポイントソリューション（部分的なソリューション／一つの目的のために作られたソフトウェア）は存在する」と答えた。

　そのポイントソリューションの会社のウェブサイトに行くと、製品を説明す

ソフトウェア産業

グローバルスタンダード

日本独自

市場　1 億人

市場　80 億人

例　◇ワープロ　➡　MS Word
　　◇CRM　➡　セールスフォース
　　◇AI　➡　ChatGPT
　　◇EC　➡　Amazon
　　◇ERP　➡　SAP

図3-1　日本のソフトウェア産業の立ち位置

る表記の脇に金メダルのような受賞マークがついていて、「ベスト 10」とか「ナンバーワン」と表示されている（**図3-2**）。こうした評価機関による評価では、例えばライバル会社のA社とB社に対して、A社のページでは「ナンバーワン」、B社のページでも「ナンバーワン」となっていた。

　そこで、「実はこの評価機関の評価は間違っています」と先のCTOに対して説明を加えておいた。これらは日本の評価機関が評価しているもので、評価される側の会社がお金を払えば、ナンバーワンの評価をもらうことができる場合があるからだ。

　個人的には、グローバルな評価機関が公正に選ぶ評価が望ましいと思っており、それについては米国のガートナーがトップだろう（2-7項を参照）。つまり、ソフトウェアの評価を見定めるにはどのような評価機関が選んだソリュー

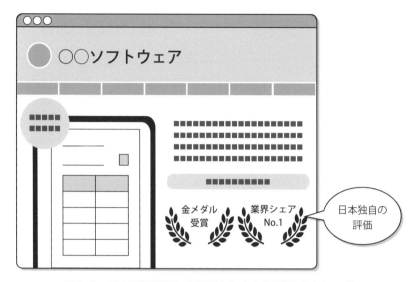

図3-2 国内評価機関による日本独自の評価例（イメージ）

ションか、との観点から見定めていった方がいい。その方が結局、途中で製品が廃番にならない、優秀なソフトウェアに行き着ける近道だと思われるからだ。

「チャレンジャー」の評価を得たTULIP

製造業系の人材はITのことを詳しく知らないので、同僚のITシステム系の人材に「あの会社で何かいいソフトを使っていないですか？」と聞いて回ったり、口コミベースで導入製品を判断したりするケースがある。そうではなく、今後ソフトウェアを使いこなしていく、もしくは使い続けていくためにはきちんとした評価機関か、あるいはグローバルスタンダードな技術を使っているかとの観点から、ソリューションを選んでいくことが求められる。

そのガートナーによる評価で、TULIPは「次世代MES（製造実行システム）ソリューション」というカテゴリーにおいて2021・2022・2023年と、3年連続で「チャレンジャー」の評価を得た。チャレンジャーに選ばれたMESの中でも、他社のものはパッケージソフトウェアでありTULIPとは開発思想がまったく異なる。

TULIP　ローコード

web API

他システム連携

SAP

Node-RED（Open Source）

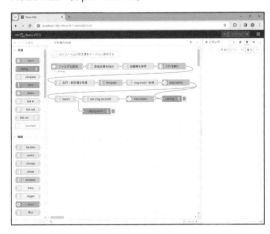

図3-3　TULIPで取得したMESデータの連携イメージ

既成のパッケージソフトウェアでなく、TULIPは自分たちのニーズに合った機能を手軽にプログラミングできる、ローコード環境を用意しているのが最大の特徴だ。MESの分野でローコードに対応しているのはTULIPだけだが、その他のソフトウェアの分野でもローコードによる開発は熱い注目を浴びている。

　実は、ガートナーの「ローコード」のカテゴリーではTULIPは選ばれていない。珍しいことに日本のあるソフトウェア会社が「リーダー」という評価で選ばれていた。

■ ノーコードとの違い

　ローコードのほかに、ソースコードを記述せず直感的なドラッグ＆ドロップ操作のみで、アプリやウェブサービスが開発できる「ノーコード」も普及してきている。ただ、ノーコードはプログラミングが簡単にできる半面、さまざまな処理を100％ノーコードでプログラミングするのは難しい。

　なぜかと言えば、ノーコードの世界だけで完結する処理については、ノーコード一本で行けると思う。しかしTULIPの場合は、既存のシステムや基幹システムと連携しなければならない。その連携部分は複雑なプログラミングが施されていて、高いプログラムの知識がないと処理の実行は難しい。

　TULIPで得たデータをそうした上位システムに引き渡すには、それと同じようなプログラミング作業が必要になる。つまり単体の仕組みであれば、ノーコードでも問題はない。しかし、他のシステムと連携することになるとノーコードだけでは不可能だ。

　セールスフォースもSAPも、ノーコードに近づけようと志向している。その一例がWebAPIというAPIの仕組みである。TULIPでも対応しているが、ユーザ側でわざわざプログラムすることなく、他のシステムと簡単に連携できるようになる（**図3-3**）。

3-2 クラウド利用のメリット

　TULIPがMESで評価された中の一つの指標が、クラウドを利用したシステムであることだ。日本の製造業を訪ねて行くと、事情を知らない人に限って「クラウドは危ない…」などと言ってくる。確かに「昔」のクラウドは、そのような面がなかったとは言い切れない。

　インターネット経由で企業がデータセンタを借り、自分たちでサーバシステムを運営しているような場合、リスクは高くなる。なぜかと言うと、セキュリティの脆弱性をはじめ専門的なことに詳しくない製造業の担当者が、サーバを運用していることが理由だ。ただし現在は、クラウドサービスを提供するマイクロソフトやAWSがセキュリティも含めて運用しており、安全性は高い。そのサーバ上でアプリケーションをどのように作成できるかを業界のユーザ、つまりTULIPで言えば製造業の人に任せている。

　日本は金融機関もそうだったが、かつて「自分たちでシステムを持ちましょう。それが絶対安全」と言われていた時代があった。それが現在では、自分たちでサーバを持たずに、IT資産を外部のクラウドに出していくのがトレンドとなっている。「進化の速いところは専門業者に任せていこう」という意識がユーザの間に根づいてきている（図3-4）。

サービスや機能の刷新はクラウドが強い

　米テスラのEVがサブスクリプションの最たるものだと言われるが、テスラの車載ソフトウェアはスポーツ車モードや新しい機能がすぐ無線通信でアップデートされる。新しい安全機能のソフトウェアが開発されたら、それがいち早く使えるようになるわけだ。かたや日本車はソフトウェアのバージョンアップもなく、ずっと使い続けなければならない。この辺りはまさに最先端のEVと、従来型の内燃機関車の関係に似ているのではないだろうか。

　クラウドサービスの究極は、パソコンやタブレットに高性能CPUを搭載せずとも、さまざまな処理を行ったりサービスが受けられたりするようになってくる姿だろう。シンクライアントとは少し違うが、スマートフォンがもはやそ

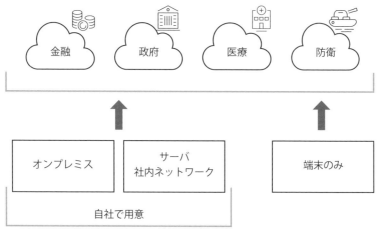

図3-4　IT資産は所有から利用へ

れに近い形になってきている。さまざまなサービスや機能がクラウド側で開発・搭載され、それらを閲覧しに行くだけで新しいサービスが自由に使えるようになるのだ。

　先日、国内のある航空会社が、バーゲンで大幅割引の航空券をオンライン販売したところアクセスが集中し、販売サイトが利用できなくなる事態に陥った。クラウドのサーバ側にリソースがあり、サーバ側でバーゲンの仕組みなどすべての処理を実施していたわけだが、処理が注文に追いつかずパンクしてしまったようである。

　逆に言えば、これと同じケースが今後多くなる可能性がある。別の事例として、金融機関のATMが挙げられる。銀行やコンビニに設置され、ATM本体にセキュリティを含めてかなりの機能が搭載されている。ところが、今ではスマートフォンで銀行の仕組みにアクセスし、自分の銀行口座から振り込みや支払いができるようになっている。

▥ リアルでないとダメなものが減ってきた

　クラウドやスマートフォンで唯一置き換えられないのがリアルのもので、つまり現金を下ろすことだけではないか。と言いつつ、すでに自分でも電子マ

ネーにチャージするため、スマホでアクセスして利用している。今後、デジタル通貨による決済の仕組みができてくると、それこそ現金が要らなくなるかもしれない。

　余談だが、今では銀行のキャッシュカードがなくても、スマホアプリを使ってコンビニにあるATMでお金を下ろせるようになっている。コンビニのATMでQRコードが読めたりQRコードが表示されたりでき、スマホでQRコードをかざせば、自分の口座から現金化することができる。キャッシュカードを発行しない会社が提供するサービスを利用し、キャッシュを下ろすことが可能になるのだ。これまで銀行は多額の費用をかけ、ATMというハードウェアのインフラを自前で整備してきたが、そういう枠組み自体が不要な時代が確実にやって来る。

　また、もしかすると近い将来には自分の顔を見せるだけ、つまり顔認証でお金を下ろせるようになるかもしれない。そのような新しい機能開発が、IT業界ではものすごい勢いで進んでいる。そして、こうした仕組みを利用するためにも、クラウドベースのシステムが活用されている。

システム所有と利用の試算例

　TULIPに話を戻すと、製造現場でも同じような変革が起きてくる。例えば現場で物理的に存在し、アナログでつながっていないツールの一つにノギスなどの計測機器がある。こうした現場にあるものと、ネットワークにつながる端末があれば、すべての機能を実装できる世界が近づいてきている。

　クラウドサービスは、自前でシステムを開発・導入するのに比べて初期投資を抑え、最先端の技術を利用できるメリットもある。システムを導入して減価償却していくケースだと、減価償却を終わるまで使い続けなければいけない制約は大きい（図3-5）。

　一方でユーザ側の事情を考えると、最初は小さいシステムで始め、事業が軌道に乗ったらさらに費用をかけ、システムの規模を大きくしていった方がビジネスがやりやすい。

　最初に1億円をかけてシステムを導入し、5年償却で年間2,000万円ずつ減価償却する例と、クラウドシステムに初年度500万円の利用料を支払う例を比較してみよう。前者は、初年度の売上高が1,000万円でも2,000万円の減価償却をかけなければいけない。しかし、後者の小さく始めるケースでは、初年度1,000

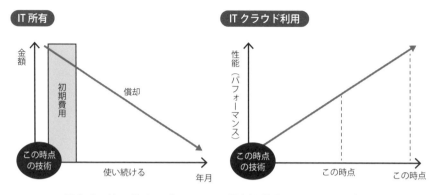

図3-5 使い続けるデメリットと最新を使えるメリットの違い

万円の売上でシステムのライセンス費用500万円を費用として見なすため、500万円の粗利が出る。

そうなると、ビジネスがうまくいきそうだからと追加投資し、次の年は1,000万円、さらに次は3,000万円というようにビジネスの伸びに応じて費用を増やしていける。これがシステムを保有するのではなく、クラウドでシステムを利用していく発想だ。同じ1億円の使い方でも違いが出てくる。

減価償却よりサブスクで最新技術に対応

このように利益を出しながらビジネスを拡大していくのは、減価償却モデルとは違うものだと思っている。

経理部門の担当者は「減価償却があれば、儲かっているときでも儲かっていないときでも均一に費用化できる」と自前システムの利点を主張するだろう。しかし、ビジネスというのは儲かったときにコストが発生するのが本当の姿だと私は思う。その余剰金を再投資してビジネスを拡大していくことが、システムの所有ではなく利用の形態だとやりやすい。

ただ、クラウドのサブスクリプションは使い続けなければいけないため、いかに効率的に使い続けるか、いかに新しいことに対応させていくかがポイントとなる。追加のシステム投資がなくても、利用料金は毎年発生する。クラウドのメリットを活かし、どのようにして最新のソフトウェア技術や最新のCPU/GPUを使いこなしていくかも、IT投資の視点としては重要になってくる。

3-3 クラウド利用にリスクはあるのか

クラウド利用のリスクに触れる前に、TULIPのお客様との間で実際に起こっている話をしておきたい。

顧客側でTULIPの導入検討に際して、クラウド利用のためのチェックリストを書いてほしい、と顧客の情シスから要求されたことがある。TULIPはどのようなセキュリティ対策があり、何に準拠しているのか、こうした点は大丈夫かという質問が並んだ一覧表で、それらに対してこちらで「OK」「NG」と記入するような形式になっている（**表3-1**）。

情シスの仕事に物申す

驚いたのは、その会社のチェックリストに書かれた内容が、そもそも現在の技術に追いついていないと感じたことだ。情シスの担当者が5年前に作ったものを、現在に至るまで運用しているケースさえある。会社での手続きを通すために、最新のセキュリティを知らない人たちが5年前にリストを作り、そのまま運用されるチェックリストに記載しなければいけない。そこに記載すればOKということで、まさにお役所仕事のようなことが日本の大手企業で起こっているのだ。

クラウドの話はともかく、こうした管理・運用手法自体がリスクと言える。

現在は新しいIT技術がどんどん開発・導入されてきているにもかかわらず、「そんなことを今さら聞いてどうするのか？」という古い内容の質問が入っていたりする。そのチェックリストを作成した時点では最先端だったかもしれないが、すでにそれが陳腐化して形式的に合格すればクラウドを利用していい、というようなケースが多い。

その社内手続きを担当する部署のほとんどが情シスである。情シスというのは、自分たちで新しいことに取り組むよりも、どちらかというと情報システム関連で与えられた業務をいかにそつなくこなすかに焦点が置かれがちだ。既存システムを運用したり、社員に新しいことをやらせないようにしたり、そういう立場を務めている。

表3-1　IPAが公表するウェブサイトのセキュリティ対策のチェックポイント

No		カテゴリ	実施項目	チェック
1	(1)	ウェブアプリケーションのセキュリティ対策	公開すべきでないファイルを公開していませんか？	□ 対応済 □ 未対策 □ 対応不要
	(2)		不要になったページやウェブサイトを公開していませんか？	□ 対応済 □ 未対策 □ 対応不要
	(3)		「安全なウェブサイトの作り方」に取り上げられている脆弱性への対策をしていますか？－「安全なウェブサイトの作り方」に取り上げられている「セキュリティ実装 チェックリスト」は確認済みですか？	□ 対応済 □ 未対策 □ 対応不要
	(4)		ウェブアプリケーションを構成しているソフトウェアの脆弱性対策を定期的にしていますか？	□ 対応済 □ 未対策 □ 対応不要
	(5)		不必要なエラーメッセージを返していませんか？	□ 対応済 □ 未対策 □ 対応不要
	(6)		ウェブアプリケーションのログを保管し、定期的に確認していますか？	□ 対応済 □ 未対策 □ 対応不要
	(7)		インターネットを介して送受信する通信内容の暗号化はできていますか？	□ 対応済 □ 未対策 □ 対応不要
	(8)		不正ログインの対策はできていますか？	□ 対応済 □ 未対策 □ 対応不要
2	(9)	ウェブサーバのセキュリティ対策	OSやサーバソフトウェア、ミドルウェアをバージョンアップしていますか？	□ 対応済 □ 未対策 □ 対応不要
	(10)		不要なサービスやアプリケーションがありませんか？	□ 対応済 □ 未対策 □ 対応不要
	(11)		不要なアカウントが登録されていませんか？	□ 対応済 □ 未対策 □ 対応不要
	(12)		推測されやすい単純なパスワードを使用していませんか？	□ 対応済 □ 未対策 □ 対応不要
	(13)		ファイル、ディレクトリへの適切なアクセス制御をしていますか？	□ 対応済 □ 未対策 □ 対応不要
	(14)		ウェブサーバのログを保管し、定期的に確認していますか？	□ 対応済 □ 未対策 □ 対応不要
3	(15)	ネットワークのセキュリティ対策	ルータなどを使用してネットワークの境界で不要な通信を遮断していますか？	□ 対応済 □ 未対策 □ 対応不要
	(16)		ファイアウォールを使用して、適切に通信をフィルタリングしていますか？	□ 対応済 □ 未対策 □ 対応不要
	(17)		ウェブサーバ（または、ウェブアプリケーション）への不正な通信を検知または、遮断していますか？	□ 対応済 □ 未対策 □ 対応不要
	(18)		ネットワーク機器のログを保管し、定期的に確認していますか？	□ 対応済 □ 未対策 □ 対応不要
4	(19)	その他のセキュリティ対策	クラウドなどのサービス利用において、自組織の責任範囲を把握した上で、必要な対策を実施できていますか？	□ 対応済 □ 未対策 □ 対応不要
	(20)		定期的にセキュリティ検査（診断）、監査していますか？	□ 対応済 □ 未対策 □ 対応不要

※クラウドサービスなどを利用している場合、No1-(1)〜3-(18) および4-(20) は、対応不要の場合があります。ご利用のサービスの形態に合わせて、対応要／不要をご確認ください。

IT専門家が活躍する欧米の製造業

　特に製造業の場合は、情シスがこうした型通りのことをいまだに続けている傾向が強いと感じている。製造業に入社を希望する人は本来、車を作りたいとか、こんな会社の製品を自分たちで設計したいという理由を持つ場合が多いのではないか。

　ところが製造業の情シスに進む人は、必ずしもモノづくり志向ではない人たちが集まっているケースが多い。情報システムは勘定系システムや受発注、SAPのような仕組みの保守メンテナンスで日常手一杯である。そこへ社員のクラウド利用などが始まると、さらに情シスの仕事が増えて困るというような別の理由があるのかもしれない。

　逆に欧米の製造業では、前向きな理由でITの専門家を採用しているところが多い。日本の製造業で、IT部門に配属されるのはそれほどスキルの高い人たちではないのに対し、欧米ではITに強い人たちがビジネスを推進し、自分たちのIT技術で会社を変革（トランスフォーメーション）していこうとする。これこそが、本物のDXのアプローチだと考える。

リスク回避の発想から新しいものは生み出せない

　前項で紹介したテスラによるEVソフトウェアの無線アップデート例にしても、立ち上げてからもう何年も経過しているが、このようなソフトウェアも内製している。それが日本だと、「車の制御ソフトを勝手にアップデートして、もし事故につながったらどうするんだ？」というネガティブな捉え方になってしまう。

　テスラはいち早くOTAという仕組みを利用し、車が停止している夜中にアップデートを完了させ、朝には新しい機能を持つ車になっているサービスを実現した。各社で研究開発は進めているようだが、日本車ではいまだに実現されていない。確かに人命が第一であることに間違いはない。しかし、このような発想は、まず守りが大事という日本企業が重視してきたリスク回避の発想からはなかなか出てこない。

　中国も米国も、「まずは、やっちゃえ」というスタンスの企業が多く、日本は100％安全でなければダメというのが基本姿勢だ。前に書いたように、達成すべき日本標準のレベルがあまりに高くなっていることが、実はデータ偽装が横行する遠因にもなっている。

▤ 企業の独自システムに脆弱性

　もちろん、クラウドにリスクがないわけではないが、現在会社で使っている仕組みに比べてどちらがリスクが高いのかを、まずきちんと理解する必要がある。最近、サイバー攻撃のターゲットとなっているのは、実は大手のクラウドサービスよりも企業などの独自システムが多い。つまり、独自システムの方が脆弱性を見つけやすいということだ。さらに、大手企業が展開するサプライチェーンのネットワークが狙われることも増えている。

　今後もサイバー空間での攻撃者や犯罪グループがなくならない限り、セキュリティリスクがゼロになることはない。しかし、対策が難しい中でも、それをゼロに近づけるようなクラウドサービスを利用することが安全への近道と言える。

　自社でデータセンタを建てる時代はすでに過去のものとなった。クラウドの専任事業者がセキュリティもしっかり担保してくれる中で、それらをうまく活用することを考えるべきだろう。

　例えば、マイクロソフトのような巨大IT企業は、世界のあちこちから常にサイバー攻撃をかけられている。ところが、サイバー攻撃関連の情報がいち早く入ってくるために、対応も素早い。マイクロソフトは連邦政府から国防関係のシステムを委託されたり、金融機関のシステムも扱ったりしているため、製造業向けに一般的に使われているものとは比較にならない堅牢なセキュリティ手法を持っている。

▤ 2種類のセキュリティ

　それにもし、国家機密にサイバー攻撃が仕掛けられたとしても、その下位のレイヤに位置づけられる製造業のシステムにも同じメンテナンスが当てられるため、相対的な安全性は高いと言える。

　逆説的な話だが、サイバー攻撃が頻繁に仕掛けられている最も危険な領域の下で、クラウドを借りる方が安心ということにもなる（図3-6）。セキュリティには公開されたセキュリティと非公開のセキュリティの2種類があり、IPアドレスや暗号化も含めてすべて公開しているデータセンタのような施設が攻撃され、問題があればそこにプログラムのパッチを当てて対応していく。ところが、一切公開していないセキュリティが攻撃されてトラブルが発生すると、専門家ですらその対応方法がわからないという話もある。

公開されたセキュリティ

非公開のセキュリティ

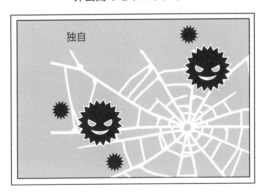

ひとたび穴が開くと被害は甚大
（修復方法もわからない）

図3-6　セキュリティ対策の違い

　つまり、企業の独自システムというのは、こうした非公開のセキュリティとも言える。隠したセキュリティは隠し続けられる限り、守りは強い。しかし、いったん穴が開けられると、そこから重要な情報が漏れ出してしまう最悪の事態を迎える。

3-4 最先端の技術はどう活用するのか

　最先端技術について2点ほど補足しておくと、その一つに前出のセキュリティ対策も含まれる。新しい脆弱性に対する対応や、新たなコンピュータウイルスの解消方法なども最先端技術となる。

　もう一つは今話題の生成AIだ。先日、米国のTulip社を訪問したところ、TULIPのシステム上で生成AIを使い、アプリ自体を作ることにも取り組んでいた。つまり、ローコード上で生成AIによるアプリ作成が将来可能になってくる。担当者によれば、完成まであと半年程度かかる見通しとのこと。簡単なものなら作れるということで、実際にデモを見せてもらった。

　現在は、「プログラミング知識がない人でもローコードでプログラミングできます」というのが、TULIPの最大の特徴の一つになっている。生成AIを使うと、やりたいことがわかっていればアプリが作れるようになる。「こんなアプリを作ってほしい」とTULIPに要求を伝えるだけで、生成AIが自動的にプログラムのコードを組んでくれるのだ。

　そうなると、ガートナーの「マジック・クアドラント」のリストに載っている他のソフトウェアベンダに比べても、かなり進化しているように思う。実際に商品として発売するかどうかはわからないが、その機能自体はリリースしていくことになると予想している。このことが、クラウドサービスを通して近い将来、Tulip社の最先端技術をどんどん使ってもらうための新たな売り物になるのではないか（2024年6月現在、機能公開済）。

プログラミングにおける生成AIとの関わり方

　モノづくり現場での生成AI利用については、背景として労働人口の減少の影響が大きい。

　さらなる業務効率化に向けて作業をロボット化しよう、あるいは人が行う仕事を機械でやらせようとの発想で、工場設備の自動制御などに使われるPLC（プログラマブルロジックコントローラ）のラダープログラムを作成する業務も含め、人材の不足が懸念されている。TULIPに限らず、生成AIによる製造

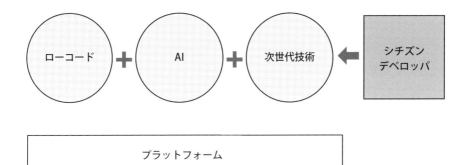

今は AI が旬だが、次世代技術は今後も次々に登場する。それらも含めプラットフォームがあればその上で展開でき、さらにシチズンデベロッパがこれを活用していく
シチズンデベロッパとは専任 IT 技術者ではなく、各現場の担当者が自らシステム開発者となり課題解決に携わる人を指す

図3-7　今後の製造現場でのプログラミングの姿

現場でのプログラミングは大きな流れになると予想している。

　ただ、注意しなくてはならないのが、生成AIが100％正しいプログラムを書くとは限らない点である。生成AIがプログラムを作るとなると、実はプログラムが読める人がいなければ、それが正しいかどうかは判断ができない。

　TULIPの場合、プログラムが簡単なローコードを採用しているのが、他のプログラミング手法に比べて大きな利点となる。つまり生成AIが作ったローコードを、プログラミング知識のない人間でもローコードで変更できる。大きな骨格は生成AIに任せて、細かいすり合わせのような部分を人がローコードで調整すればいい、という発想かもしれない。このため、「ローコード＋生成AI」は相性が良いと感じている。

　さらに今の生成AIの仕組みが、問い合わせると返事をくれる対話方式やチャット方式であるため、対話を繰り返しながら目的とする成果物を要求するレベルに近づけていくこともできる。初めにAIがプログラムを作成し、次に人間が修正を加えたとして、生成AIがさらに「こう直した方がいいですよ」と改善提案をしてくれるような場面も、近い将来出てくるのではないだろうか（図3-7）。

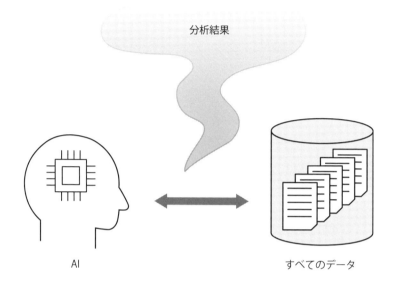

図3-8　AIだけでは分析不可能

分析結果

AI

すべてのデータ

▤ 予兆分析・業務改善に向け紙情報のデータ化を

　もう一つは、プログラムで収集したデータを分析することにも用途が拡がる。例えば、3年後にこのパーツが壊れるというような予兆分析への応用が始まっているが、そのデータが今はあまりにも少ないため、TULIPでデータを可視化することに取り組んでいる。可視化されたデータを分析・解析し、次の業務改善につなげるニーズは今後絶対に増えてくるだろう。

　では今、紙で持っているデータがAIで分析できるかというと、それはできない（図3-8）。つまり紙のデータをデジタル化しておくことが、そうした予兆分析や業務改善分析の実施に向けての大事なステップとなる。

　ペーパーレスになれば現場が綺麗になる、手書きのミスがなくなるという部分は本質ではない。データを保管し、継続的にデータとして残すことにより、次のビジネスの分析を行えるようになる。そこにどれほどの金銭的な価値があるかどうか、その段階では誰もわからないにしても、今は紙に書いてある情報をデータ化しておくことが本質的に重要と考える。

3-5 IT資産を保有すべきか

　企業の情報システムについて、以前は企業が自前の汎用コンピュータやパソコンサーバを導入して、対応するのが主流だった。セキュリティ上の理由というよりも、自分たちの会社の外にデータを出したくないのが大きな理由だったと推測する。

　ところが、CPUの進化は急激に進む。半導体の集積回路に組み込まれるトランジスタの数が2年ごとに2倍になるという「ムーアの法則」に概ね沿う形で、年々進化を遂げている（**図3-9**）。現在のスマートフォンやパソコンは、昔のスーパーコンピュータ（スパコン）よりも性能が高いという話さえある。

政府もクラウド運用を民間に任せる

　こうした著しいハードウェアの性能向上の恩恵に預かるには、演算設備の自社保有ではなく、専門事業者が提供する最先端技術の利用、つまりレンタルに

図3-9　今も加速する「ムーアの法則」

舵を切った方がメリットは大きいと判断したわけだ。それに加え、自分たちで
サーバ設備を持つと保守や運用管理に時間と手間、コストがかかるという理由
も無視できない。

　特に、セキュリティ状態を高いレベルで維持することは非常に難しい。OS
のアップデートやサイバー攻撃を受けたときの対応もあり、管理を含めてすべ
てアウトソースし、外部のデータセンタを活用する方向になってきた。自社で
はIT資産を持たずに、データセンタを保有する専用のクラウドプロバイダか
らサービスの提供を受ける形だ。

　その顕著な例が、日本政府（府省庁）や地方自治体の情報を効率的に管理す
るため、運用を民間のクラウド事業者に任せる「ガバメントクラウド（政府ク
ラウド）」という分野である。政府は、基本的には2025年度末を期限に、自治
体の情報システムのクラウド移行を求めている。2021年度に事業者の公募を
始めて以降、これまでにはAWS、グーグル、マイクロソフト、オラクルなど
の米IT大手4社がデジタル庁によって事業者に選定されているが、2023年度
になって初の国内勢としてさくらインターネットが選ばれた。

　外国企業への依存が目立っているものの、安全保障の観点からその要件に
は、データセンタを日本国内に設置することも含まれている[9]。つまり政府
も、行政関連のデータを自分たちのサーバで保有・管理するのではなく、クラ
ウドサービスに出すことにメリットがあると判断していることを示す。それ
は、前出のセキュリティの問題やコンピュータのハードウェア、ソフトウェア
の進化への対応という部分が大きいと思われる。

▤ データセンタの立地は国内が望ましいか

　TULIPの顧客でデータをクラウドに預ける場合に、データセンタがどこに
あるか聞いてくる会社はそれほど多くない。しかし、セキュリティを気にする
顧客の中には、米国よりも日本のクラウドサービスがよいという企業もある。
そのような要望に対しては、日本に立地したマイクロソフトのデータセンタで
運用・管理を行っていることを顧客に伝えている。

　補足すれば、最近では外国でテロや戦争が多発しているため、日本の顧客企
業と海外に立地するデータセンタとの間でネットワークが切れる可能性もゼロ
ではない。そうなると運用が難しくなることで、今日の時点ではやはり自国の
データセンタを使うのがトレンドとなっている。

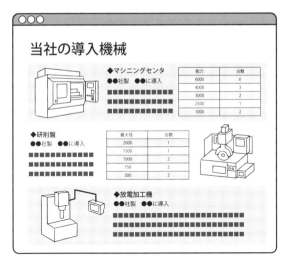

いい機械を使っていることを
示す文化はある。
今後は、TULIP を使っている！
と書かれるような
時代になってほしい！

図3-10　ホームページでの保有設備紹介例

　データセンタの費用で何が一番割高かと言えば、以前は電気料金だった。
サーバルームを冷却する空調と、コンピュータを動かす電力が大量に必要なた
めだ。したがって、データセンタの立地候補は電気料金が安い場所、もしくは
空調負荷が小さくて済む気温が低い国・地域や、土地代が安い場所が主流だっ
た。それが最近では安全保障上、なるべく自分たちの顧客に近い場所、あるい
は自国の法律が適用される国内を指向するケースが増えている。

　例えば、欧州連合（EU）が域内での個人情報の処理・保護・移動について
定めた、一般データ保護規則（GDPR）という規制がある。この場合、EUで
ビジネスを展開するだけではなく、データセンタがEU域内にあれば規制に該
当すると思われるため、日本国内にサーバを持っていた方が望ましいという話
にもなってくる。

先端技術の活用を外部にアピールする時代に

　これは対照的な例だが、特に製造業では自社で設備を持つことの優越感が非
常に強いと感じる。例えば機械加工メーカのホームページを見ると、保有設備
を事細かに公開している会社が多く見受けられる。ウチの会社には、○○社製
の◇◇◇という機械が何台導入されているという紹介まである（**図3-10**）。

IT業界出身の自分としては、こうした会社が多数あることに驚かされた。IT企業とは異なり、おそらく保有設備の性能の良さを広くアピールすることで受注につなげると同時に、投資した設備へのプライドのような感情を持っているのかもしれない（性能の良い設備は概して高額）。ただ、今後は「自社でこのような設備を持っている」という保有の有無ではなく、クラウドサービスと似たような形式で、「当社ではこのようなものを使っている」というように、先端技術の「活用」をより重視する時代が来るのではないか。

　2023年は、米オープンAIの「チャットGPT」に代表される対話型生成AIの性能が格段に上がり、一般にまで利用が広まった「生成AI元年」とも言われる年だった。そこで提供されるAI機能の大半がクラウドサーバ側で処理され、米エヌビディアやAMDなどが開発し、AI処理に適した高性能のGPUやAI専用チップが活用されている。生成AIのトレンドはさらに拡大し、世界の生成AI市場規模は2022年の106億ドルに対し、2030年にはその約20倍の2,110億ドルに急速に成長するとの予測もある[10]。

▤ 重要性増す電力不足問題への対応

　端末側に搭載され、ほぼリアルタイムで動作する高性能なエッジAIも開発・運用が進むものと予想されるが、生成AI市場の成長とともにクラウドサービスは拡大の一途をたどるのは間違いないだろう。コンピュータだけでなく、配車サービスのウーバーや部屋を貸し出すエアビーアンドビーに見られるように、シェアリングエコノミーは時代の大きなトレンドに浮上した。米国や中国の公道で実証試験中の自動運転タクシーが近い将来、実用化されるようになれば、自家用車の保有にも少なからず影響を与えると見られている。

　最先端技術のいち早い活用という企業側の要請と、地球環境保護も相まって、IT資産もシェアリングにさらに大きくシフトしていくことだろう。そこで懸念されるのは、AIの浸透による雇用へのダメージやAGI（人工汎用知能）の人類への脅威というSF的な話題よりも、むしろ電力不足という根本的な問題かもしれない。未来の豊かなスマート社会を支えるには、省電力のAIチップと、高効率の再生可能エネルギーやバッテリー技術、今や世界で大注目の核融合発電など、環境にやさしいエネルギー源の開発と導入が不可欠となるからだ。

3-6 デジタル化には投資が必要

　日本のソフトウェアの話を前に書いたが、電子帳票システムを売っている会社が日本には多数ある。これは、おそらく5年ほど前にDXに取り組もうとしていた先進的な企業が、親しいSIer（システムインタグレータ）に電子帳票のシステムを作ってほしいと依頼したのが発端ではないかと睨んでいる。

　あくまでデータ活用のための仕組みではなく、電子帳票の仕組みであったため表面上でペーパーレスにしただけのものだ。電子帳票では一つの紙にさまざまな情報が記載されているような体裁で、何で検索すればよいか、どのような視点でデータを見たらよいかなどデータがきちんとレコード化されていない。その紙一枚でデータレコードを出しているに過ぎない。分析のためのデータではなく、言わばペーパーレスのための電子化になっている。

データ利活用の本質を突き詰める

　電子帳票システムを導入した企業は、「これで当社もDXが進んだぞ！」と胸を張っているかもしれない。先ほど挙げた国内評価機関からソフトウェアについて高い評価を受け、自社のウェブサイトの製品紹介欄に金メダルのマークをつけた会社などは、「一番売れているDXツール」という書きぶりで外部に宣伝している。日本の会社はこのようなお墨付きに弱いので、結果的に導入は進むのだろう。

　本質がわからないとDXは実行できない。では本質は何かと言えば、データの利活用に尽きる。データの利活用によって業務を改善することが大事な点を、正しく理解している必要がある。

　その関連で指摘すると、企業がお抱えのSIerと緊密につき合う時代は、もはや終わっているのではないか（**図3-11**、**図3-12**）。データ取得のためのシステム化は、現場で主体性を持って進めたい。

SIerのコンサル機能に期待

　実際にSIerも、システムインテグレーション業務だけでは食べていけなく

◆既存システムの活用

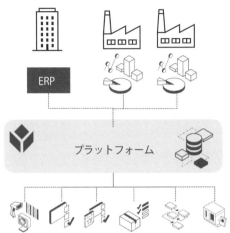

データを活用・連携できる状況に保管
（網羅的なすべてのデータ）

製造現場のデジタル化と既存システムの
活用
（ERP、生産管理、独自システム）

工場や拠点ごとにシステムを導入する
のではなく会社全体のプラットフォー
ムとすることが重要
（国内だけではなく、すべての拠点）

データを活用、経営資源として活かす
（データアナリスト）

図3-11　DX推進の

なってきている。当社は、TULIPを展開していく上でプラットフォームを販売してもらいつつ、企業に対してどのようにデジタル化を推進していくか、コンサルティング業務を担えるようなSIerを発掘したいと考えている。

　SIerによっては商材としてTULIPを提案し、そのベース上にさまざまなシステムを構築して顧客に提供するようなビジネスも考えられ、実際コンサルティングパートナとして展開している。私自身が顧客へのコンサルティング業務を行えないこともないが、対象となる製造業数があまりにも多い。したがって、コンサルティング会社を通じて大々的に啓蒙してもらった方が客観性を担保できると考えている。

顧客視点の最適ソリューション

　ベンダがいくら啓蒙しても、外部からは「企業にとって自分の製品なのだから当然」と見られてしまう。

　TULIPが独自の優れたコンセプトを持つことを、第三者的な視点でアピールしてくれた最初が、ガートナーの「マジック・クアドラント」だった。次は、コンサルティング会社が企業に入り込んで、実際にTULIPを使いながら、より顧客の立場を踏まえた最適なソリューションを提案していくことが必要になると考えている。

◆会社としての DX 投資

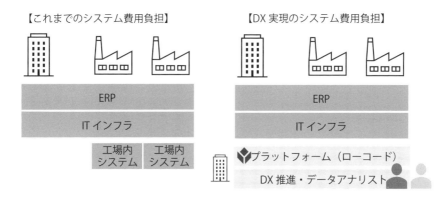

【これまでのシステム費用負担】　　　【DX 実現のシステム費用負担】

・全社費用として投資を行うことが重要（プラットフォーム、組織人件費）
・工場内独自システムは極力利用しない（個別投資を行わない）

ための投資のイメージ

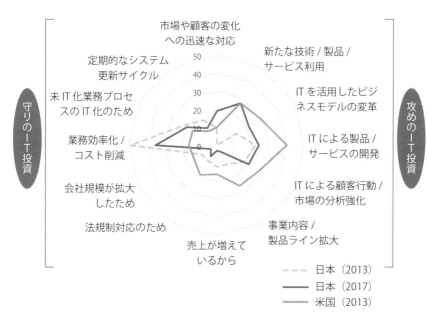

図 3-12　IT 投資における日米比較

出所：電子情報技術産業協会、「2017 年国内企業の「IT 経営」に関する調査」、2018 年 1 月

3-7 デジタル化は 継続改善し続けることが重要

　今、ビジネス環境が驚異的なスピードで変わっている。ビジネスの本質が変わっているにもかかわらず、同じ情報システムをこれまで同様に使い続けるのは誤りと言っていい。したがって、デジタル化も導入すれば終わりではなく、継続・改善し続けていくことが重要になる（**図3-13**、**図3-14**）。

　ビジネス環境に合わせて情報システムを改変していかないと、システムが使えなくなることから再び紙で情報を記録しだして、それを紙で計算してから入力する…というように、紙ベースの業務体制に逆戻りという事態にもなりかねない。

【IT システムを導入して終わりではない】

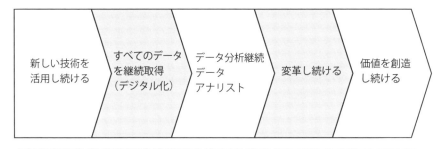

図3-13　システムを改変・追加し続ける環境が必要な理由

ウォーターフォール方式では要件定義不能の例も

　ビジネス環境の急速な変化に伴うシステム開発の難しさについて、こんな事例がある。

　TULIPの見積もりを出した顧客が、あるベンダに対しても同様にシステム開発の見積もり依頼をしていた。しかし、当のベンダからは約束期日から3週間が過ぎても、見積もりが提示されなかった。なぜ、そのようなことが起きたかと言えば、伝統的なソフトウェア開発手法であるウォーターフォール方式では結局、要件定義ができなかったことが理由だ。

　ウォーターフォール方式とはその名の通り、全体の機能設計や計画を最初に決定し、「滝」のように上流からシステム開発に必要な工程を段階的に区切り、順番に開発を進める方法である。大規模かつ複雑なソフトウェア開発に適しているとされるが、修正や仕様変更がしにくく、開発期間が長くなりやすい、修正が入ると大幅に工数や開発コストが膨らむというデメリットがあると言われている。

DX 実現に必要な 5 要素

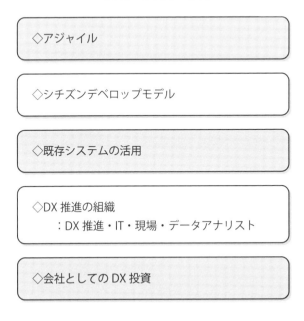

◇アジャイル

◇シチズンデベロップモデル

◇既存システムの活用

◇DX 推進の組織
　：DX 推進・IT・現場・データアナリスト

◇会社としての DX 投資

図3-14　DXを成功に導くポイント

そもそも銀行のシステムのように、業務内容がほぼ決まっていて仕様変更を前提としないのであれば、要件定義はそれほど難しくないかもしれない。そのような場合はウォーターフォールのメリットを十分に発揮できると思うが、ビジネス環境が目まぐるしく変化する今の時代においては、「システムを使ってこんな新しいことをやりたい」と顧客側の業務ニーズもその都度変わってこよう。これだと、システム開発のための要件定義がそもそも難しい、というよりも要件定義すらできなくなっている。

　つまり、どれだけ工数がかかるか算定するのが難しく、結局は見積もりができないことになる。このように要件定義できずに見積もりもできない、という例が最近非常に増えている。

▒ 小さな単位でシステム開発を繰り返す

　それに対して、TULIPはアジャイル方式で開発されている。2000年代に概念が確立されたアジャイル方式は、「アジャイル（機敏な・素早い）」という名称が示すように、開発期間を短縮できるのが特徴だ。ウォーターフォール方式のように大きな単位ではなく、システムの開発単位を小さく区切り、「計画」→「設計」→「実装」→「テスト」というサイクルを繰り返しつつ、迅速に開発を進めることができる。

　ただし、短期間で開発を進めたとしても、事前に想定しない未知の課題にぶつかることは当然出てくる。そこで要件を再定義し、新しい機能を開発したり新しいアプリを作ったりする方法が必要になり、そのたびに小さい単位のシステム開発を繰り返す。アジャイル方式が向いているとされる理由である。

　つまり、ソフトウェアやシステムを一つ作って終わりではなく、新しい要件が出てきたらその都度アプリを作っていくことになる。現代ではこのような方式でシステム開発をしていかないと、要件定義ができなかったり、ビジネス環境のスピーディな変化に対応できなくなったりするのだ。

▒ デジタル化の継続改善へ

　最近では製造業に限らず、アジャイル方式はIT業界で最適なシステム開発手法との話もある。ウォーターフォールからアジャイル方式にシフトすることで、いったん開発した情報システムを10年間使い続けるのではなく、常に最新のシステムを常に新しいビジネスモデルに対応させ、デジタル化の継続改善

が可能になる。

　そこでTULIPで提案しているのが、従来型のシステム導入ではなく、「シチズンデベロップモデル」というアジャイル的なアプリ開発のアプローチである。図1-21にも示した小さなブロック単位で、課題に対し何をやらなければいけないか、何を実現したいかという要件を基本的には顧客側で決めていく。その理由は、業務を一番知っているのは顧客であるためだ。顧客の現場の人たち、あるいは依頼を受けたSIerがアプリを開発できるようになっている。

　ウォーターフォール方式は非常に大きいシステムを3年がかりで作るようなもので、1人の知識だけでは要件定義が極めて難しい。規模が大きいことで、別部門や上層部のことも考慮に入れて進めなければならない。そうなると、自分たちのニーズを踏まえた要件定義ができなくなる場合がある。それに対して、アジャイル方式により小さな単位で開発が進められるようになると、自分たちが最も大事にすべき要件や、求める結果とそれを実現するために必要な手段が明確になり、アプリを開発しやすい。

　そこでさらにデータが取れるようになってくると、次になすべき課題が明らかになり、その積み重ねによってシステム全体がどんどん進化することになる。進化は止まることはないため、情報システムに完成はない。さらに新しい機能や要件を実装し、継続的に改善し続けることが重要なのは言うまでもない。

自分たちで要件定義できるようになる

　企業を取り巻く環境の変化は速く、システムを導入した3年前、5年前の要件定義が意味のないものになってしまう場合も少なくない。ウォーターフォール方式で要件通りに開発しても、システムが完成する頃には現状に合わないシステムとなり、開発会社がユーザ企業から訴えられるケースも出てきている。そこで訴訟沙汰を避けるためか、受託開発案件を請け負う会社自体が少なくなってきているようだ。

　会計のシステム委託など誰がやっても同じ結果が出るような仕組みであれば、開発を受けるところもあるが、製造業の工場での業務は、同じ製品を作るとしても会社ごとに違う。そのため、システム開発に際しては会社の業務を知っている人たちや工場の中の人たち、つまり「シチズンデベロッパ」が自分たちで要件定義をして開発していくことが重要になる。要件定義とは、自分た

ちが何をしたいか、何を管理したいか、どのようなデータを取得したいか、どのような機能が必要か、そして、どのような業務の流れ（フロー）にするかを定義することであり、自分の会社で求められることを具体的に定義していくことである。DXを実現するために、ローコードプラットフォームは重要な要素の一つだが、業務を知っている人・業務を改善していく人が、自ら要件定義を行っていくことも重要なDXの要素になる。

　なおシチズンデベロッパとは、コーディング知識がないにもかかわらず、ローコードまたはノーコードなどのプラットフォームを活用し、社内や他者向けのソフトウェアアプリケーションを構築する従業員のことを指す。

▤ 現場主導の開発を支援するテンプレートも用意

　工場現場は本来業務である製造の仕事を抱えており、アプリ開発は外注に出したり、インターンやアルバイトの学生に作らせたりという話も出てきている。TULIPはローコードプラットフォームであるため、業務知識やプログラミング知識がそれほどなくてもアプリ開発を容易に進められるような仕様になっている。

　一方でTULIPでは、Tulip社やT Projectが作った業務ごとの標準アプリ、つまりテンプレートをダウンロードして活用することも可能となっている。Tulip社のウェブサイトのライブラリ上より、アプリの画面デザインから生産管理での資材要求、機械モニタリング、欠陥検出、かんばんシステム、バーコードスキャンなどまで200種類以上（2024年6月時点）のテンプレートがダウンロードでき、現場のニーズに応じたシステムの継続改善に役立てられるようになっている（図3-15）。

図3-15　Tulip社のウェブサイトのライブラリ

3-8 デジタル世代の活用

　投資を考える人たちは経営層であるため、中高年など比較的に上の年齢層の方が多い。それに対してこれからのITシステムは、生まれたときからIT技術が身の回りにあった人たちが、自身の発想で作っていくことになるだろう。

　ただ、大きな課題は人手不足だ。製造業がデジタル世代を採用し、社内でIT人材として育成していくのもなかなか難しい。

遠隔支援にすれば人材は集まる

　この間、ニュースを見ていて「これだ！」と閃いたことがある。岡山県のとある中小製造業が、ITで業務改善を図ろうと人材を募集したところ、応募者はまったく現れなかった。理由の一つは、地域でのIT人材の不足にあった。企業数の多い東京や大阪にIT人材が集中しているためで、東京に住んでいる人が岡山の会社に、わざわざ就職してくれるかというと現実的には難しい（図3-16）。

　そこで編み出したのが、雇用制度の変更を利用した手法。大手SIerに勤めるITエンジニアを、副業として週に何時間かリモートで雇ってみてはどうか、というアイデアが浮かんだ。岡山への出張はなく、その会社のITをオンラインでサポートしてくれる副業の求人を出したところ、10人もの応募があったそうだ。10人のうち1人がこの会社に採用され、ITによる改革業務をサポートしているとの内容だった。

　こうしたIT技術者による副業の活用は、地域ごとに取り組んでもいいし、またベトナムなど海外から雇う手段も考えられる。

　副業と絡めてIT技術で地域の会社や社会に貢献したいという人は、今後おそらく多数出てくると思う。そのためには、東京であっても製造現場であっても、どこでも使えるクラウドベースのプラットフォームが用意されていると、正社員としてIT人材を雇用せずともリモート環境によりIT支援が円滑に進むだろう。

製造現場 IT の現状	・IT 人材が不足 …現場もわかって IT もわかる人材はさらに希少

製造現場での ローコード開発	シチズンデベロッパが 現場課題に対応するアプリ開発

ローコード開発の 拡張	シチズンデベロッパが 次のシチズンデベロッパを教育

TULIP 利用で社内にシチズンデベロッパを
育成していくことが可能

・ブラックボックス化しやすい専門家やシステム会社への依存から脱却
・業務と課題を理解している現場がシステムの価値向上に貢献

2〜3 年後の状況をイメージ、中期計画でスタートすることが重要

図3-16　シチズンデベロップモデルでIT 人材を育成

TULIP もワールドワイドで開発

　岡山の例は、人材派遣会社が行うマッチングサービスのニュースだったと記憶する。このような仕組みを利用して、首都圏や政令指定都市に多数いる若手を中心としたIT 人材の能力を、地方の製造業に提供する事例がどんどん増えることに期待している。

　TULIPの開発は実際に米国と欧州でやっていて、対面で取り組んでいるわけではない。ドイツやハンガリーなどさまざまな場所に居住する多様な技術の専門家が、オンラインで集まって開発を進めている。米国も広大な国であるため、東海岸にも西海岸にも開発人員がいる。

3-9 品質不正の防止、均一な品質を維持するためには

　モノづくりで生産性を上げたり、品質を維持したりするためには、もしかすると機械やロボットに作業を完全に任せられると実現可能になるかもしれない。オートメーション化すれば、機械が間違わずに安定した精度で安定的に量産してくれるという話なのだが、ではすべてを機械化できるかと言えば現時点では難しい。機械を導入している会社でも、その機械を準備する工程や出来上がった製品を最終確認する工程には必ず人が介在する（図3-17）。

人手を介すと品質が安定しない

　しかし、品質が落ちるのはこのような人が介在する工程である。そのため人手を介す部分のデータの可視化は、どのような産業分野であっても必要性が高く、そうした箇所でのデータ分析が進められることになる。

　例えばワクチンなど液体の医薬品を保存し、人に注射するために使われるガラス製のボトル（バイアル）の場合は、生産ライン上を高速で流れて次々に医薬品が封入されていくのだが、たまに品質不良が出たりする。それを担当者が目で見てチェックし、不良品をはねている。

　このとき面白いことに、生産数は把握しているものの不良数のデータを残していないことが多いという。つまり目標数量や原材料に対して、どの程度の割合で良品ができたかを正しく把握できていないわけである。

属人的な作業データを可視化

　歩留まりを確認するのではなく、目標生産数だけ製品ができればいいという考え方のようだ（図3-18）。もちろん、ロスはコストに跳ね返ってくる。正しくデータをとっておけば、生産効率の向上やロスをどのように削減すればよいかという業務改善につなげることもできる。当該工場では機械からデータを取得しているものの、人手が介入する部分のデータを取れていないことが一つポイントとなる。

　TULIPは、人手を介した工程のデータを可視化するのに優れた仕組みを持

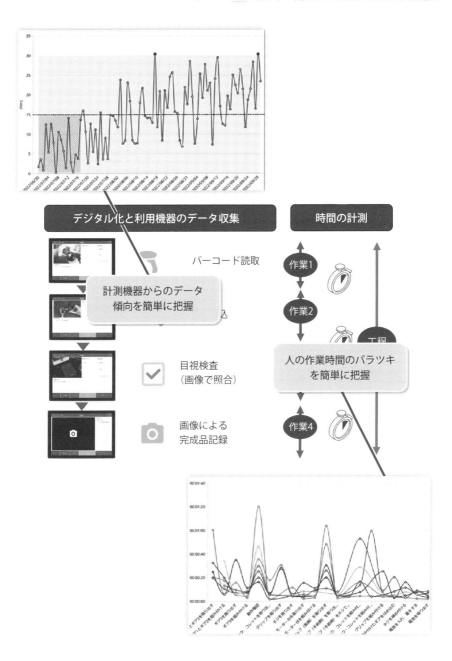

図3-17　データの蓄積＋可視化のイメージ（図4-3参照）

配合	生産プロセス

 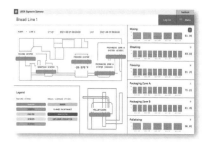

品質・異物チェック	パッキング

導入効果

+ これまで、パッキング終了（出荷時）に生産数を把握していたが、各プロセスのデータを取得することにより、使用原材料に対しての生産数を把握することが可能。

+ 想定生産数との差を把握することにより、加工ラインのロスが可視化

図3-18　食品加工ラインのロス把握例

課題
+ 測定値を目視読み取り・手書き記入
　−読み取り・記入ミスのおそれ、作業効率低迷
+ 紙面でのデータ保管
　−データ分析が困難、紛失・汚損の恐れ

導入内容
測定→チェックシートへの測定値記入→データ管理を TULIP で実現
+ 測定値をワンタッチ入力
+ 測定値・日時・部品番号・作業者などの作業履歴を自動記録

導入効果
+ 目視読み取りや手書き記入によるミス防止
+ 測定・記録の作業効率向上

Bluetooth

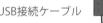
USB接続ケーブル

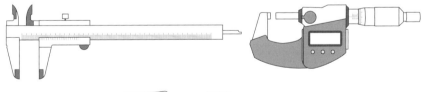

図3-19　各種計測機器によるチェック

つ。従来は見えにくかった工程のロスが把握できる。さらには表向きに品質維持を装うため、嘘のデータを人為的に入れた跡を突き止めることも可能である。すなわち、フルオートメーションではカバーできない属人的な作業データの可視化が行え、品質の均一化や生産性の安定につなげられるというわけだ。

▤ 品質チェック結果を自動でデータ化・保存

人が関わる工程のデータを取って、可視化するにはさまざまな方法がある。今、工場の中で紙が最も多いのは手順書と品質チェックの部分だ。品質チェックした結果がPDFで残っているとの話をよく聞くが、その部分にTULIPを使うと自動的に人が計測した値をデータ化し、保存できるようになる。

例えば、温度が35℃未満だったら製品が廃棄となるところを、ほぼ機械的に廃棄する手続きを踏むように設定できる。これを人手を介すと、紙に誤ったデータを書き込む場面に遭遇することがある。または、廃棄と判断した理由や判断の基準が明確ではなく、本当に判断が正しかったかどうか検証が難しい場合が中にはある。そのような工程をTULIPに取り込むことによって、作業内容や作業時間、どのような品質チェックを実施したかをデータ化できるようになる。

▤ 後から変更や修正を加えることはできない

もちろん、TULIPにはデータの改竄を防ぐ仕組みが適用されている（図3-19）。先ほど説明したように、35℃未満なら次の作業ができない制御をかけることができる。温度もデジタル温度計から値を収集するため、人の目で正面から見ると36℃だが、下から見たら34℃に見えたので34℃で記録した、というようなトラブルがそもそも起きないように対策できる。

日本企業で昨今騒がれた品質データ改竄の不祥事のように、後からデータを変更することはTULIPではできない構造になっている。改竄もできない上、誰が実施したかという記録も残している。

これまでも誰が実施したかというデータは残っていて、不合格になったらその本人が責められたが、機械は誰が何度やっても客観的に記録を残す。データ不正事件を報じた新聞によれば、データ改竄に関わった会社や部署では、データを改竄して無理やり合格にせざるを得ない雰囲気ができているという。

客観的に品質検査の結果が不合格であっても、システム的に改竄ができない

写真3-1　相次いで発覚する不正行為を報じた記事の例
出所：日刊工業新聞社

体制になっていれば、こうした企業カルチャー自体が変わってくるだろう。つまり、自分に責任があると思うからこそデータを改竄してしまうのではないか。

　自分でデータの記録をコントロールできなくなれば、品質チェックの結果が良くなかったとしても自分に責任があるのではなく、「改善につなげる記録が取れた」というように発想が変えられるかもしれない。以前はそもそもやっていること自体がおかしかった、という考えに改まってくるように思う（**写真3-1**）。

3-10 生産効率を向上するには

　製造業における生産効率の向上は、永遠の課題でもある。それでも新型コロナ明けの国内の工場を訪れると、生産効率のレベルが相当上がっていることが実感できる。いずれも特に問題がなかったり、工程上の変更がなかったりという場合は生産効率が一定の高い水準を保っているようだ。

　気をつけなければならないのが、退職者が出たり、機械が故障したり、原材料や部品の在庫切れに直面したりするケースだ。そうした際に的確に対応するために、普段から標準的なマニュアルを作っておきたい。

ITで属人差を乗り越える仕組みを考える

　その際、日本の製造業における最大の課題は何か。一つは労働力不足だろう。労働人口が減り続ける一方で、従来とは異なる多様な人たちが会社で働くようになってきた。外国人労働者しかり、短時間労働の人しかり。そうなると、機械はどの機械でも同じパフォーマンスを発揮できるのに対し、人が作業するところではAさんとBさんとで、作業効率の違いは必ず出てくる。習熟度一つをとっても、もともと手先が器用な人なのか不器用な人なのか理由はまちまちだが、必ずバラツキが出てくる。

　属人的な作業の時間の違いをなくして生産性を上げましょう、という精神的な取り組みも考えられる。しかし、ここではむしろITの力を借りて、誰がやっても均一な生産性を維持できる仕組みを整えることが重要になる。

手戻りと欠品の問題

　次にミスの防止が挙げられる。ミスはすぐに発見できればまだいいが、実はミスしていることを見逃して次工程に進み、最後になって不良品の山ができるというのが最も良くない。結局、作業が手戻りとなる。間違いが出ないように入念に品質チェックを行い、問題がわかった時点でラインを止めるやり方をとれば、こうした作業の手戻りは発生しない。

　作業の手戻りが起きると、生産性は格段に下がる（図3-20）。例えば在庫が

課題

材料配合時の投入ミスが多い
分量の目視確認、手書き記録に依存
+ ミス防止のための二重チェックが作業を圧迫

導入内容

配合指示の確認・照合用の TULIP アプリを構築
+ 計量をデジタル化し、アプリへデータを取り込み自動照合
+ 配合指示をデジタル化し、データベースをアプリが直接参照

導入効果

配合ミス防止
+ 配合ミスが起こると膨大な損失が発生する

配合作業の効率化
+ 配合間違いを削減
+ チェックシート記入→二重チェックを短縮

図3-20　デジタル計量器における配合ミス防止

ない、機械が止まった、担当者が休んでそもそも作業できないなど原因はいろいろある。本来はそうしたことが起こらないように、人が休んでも誰かがフォローしたり、誰がやっても同じ技能を発揮できるようにしたりする工夫も重要になる。特に、在庫管理についてはデジタル化を積極的に進め、欠品を防ぐ体制を作っておくべきだろう。

実は工場によって、在庫を担当者の目視で管理しているところもいまだ存在する。「在庫が少なくなってきたのでそろそろ注文しましょう」というようなアバウトな運用で、場合によっては材料不足に陥り、製品が作れないということが意外に多い。1個、2個と数えやすい在庫ならまだしも、液体の在庫となるとドラム缶に入っているはずの中身がすでになかったという例さえある。

ドラム缶は重量物で中身も見えないため、1週間で使い切るだろうという見込みで管理されている工場も散見される（図3-21）。結局ドラム缶が空になってから注文しても、補充品が届くのに1カ月ほどかかり、その間、製造ラインを止める結果となってしまう。

▤ 同じデータ（現実）を各所で共有することの意味

在庫管理は、世間で思われるほど簡単な仕事ではない。管理がしやすいものがある一方で、しにくいものもある。その一つの理由が代替品の存在である。欠品が出たときにやむなく別の部品を使ったりするため、会社によっては正確な在庫が取りにくくなっている。

モノの数がどれだけあるか、ないのかをきちんと把握することは、工場においては本来基本動作のはずだ（図3-22）。本当に在庫がないのであれば、工場の操業を停止するほかはない。しかし、実際にはそうした場合にも受注を受けるようなことが起こっている。

営業担当者が自社が保有する材料の在庫状況を見れば、ひと目で「今、注文を取ってきたらまずい」とわかると思うのだが…。データは企業の部署および組織ごとにあるが、情報システムが部門によって分断され、材料の在庫切れを知らない営業が受注を取ってきたりしているのだ。

つまり、材料の在庫データを吸い上げて見える化し、それを部署間で共有すれば、早めに材料の発注をかけたり製品受注を押さえたりするなど、全体最適に向けた行動ができるようになる。

図3-21　危険物倉庫内の在庫管理

環境関連のデータ取得へのアプローチ

TULIPは生産工程でのさまざまなデータを収集しての見える化や、それによる工程改善に役立てられるが、製品のライフサイクル全体での二酸化炭素（CO_2）排出量である「カーボンフットプリント」に関わる属性情報を取りたいという具体的な要望は来ていない。工場の使用電力量からカーボンフットプリントを換算できるためだ。

ただ、ある顧客からこんな問い合わせが寄せられた。工場の中の加工機械が作業しない間も作動し、電力をかなり消費している。しかし、次の仕事のためにすぐ機械を動かしたいのでアイドリング状態にしておくことも多いとのことだ。このため機械がただのアイドリング状態にあるのか、次の加工に向けて準備状態にあるのか、データに基づく管理ができるかという質問について、当社としては「やろうと思えばできます」と回答した。

いずれはCO_2排出量の換算にも

工場の機械設備を効率的に運用するのは非常に重要で、そのためにアイドリング状態にしておくことも必要だが、闇雲に全部アイドリングさせておくのは、電気料金や環境面からも避けたいところだ。とはいえ、現状では工場にある機械ごとの電力使用量を集計することはあまり行われていない。

今はまだそのレベルまで行っていないのだが、将来的にはTULIPを使って機械ごとの時間帯での稼働状況や、電力使用状況のデータをCO_2排出量に変換していくことも可能と考える。

生産効率というと、時間当たりの生産量や付加価値をまず思い浮かべるが、気候変動阻止に向けサステナビリティが叫ばれる今、モノづくりの現場ではCO_2排出量をいかに減らしつつ、生産効率を上げるかという課題もクローズアップされてきている。

モノづくりの課題と工夫に終わりはない。

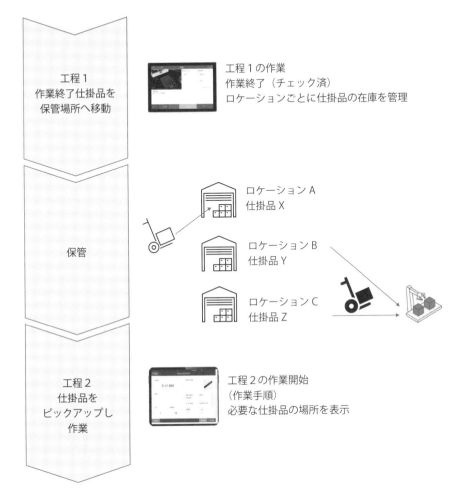

工程 1
作業終了仕掛品を
保管場所へ移動

工程 1 の作業
作業終了（チェック済）
ロケーションごとに仕掛品の在庫を管理

保管

ロケーション A
仕掛品 X

ロケーション B
仕掛品 Y

ロケーション C
仕掛品 Z

工程 2
仕掛品を
ピックアップし
作業

工程 2 の作業開始
（作業手順）
必要な仕掛品の場所を表示

導入効果
＋工程 1、工程 2 の作業標準化・品質管理を実現
＋工程 2 における仕掛品のピックアップ時間の短縮
　（これまでは工程 1 の人に確認）
＋工程 2 で必要な仕掛品の在庫状況をリアルタイムで確認可能

図 3-22　仕掛品の在庫管理・ロケーション管理

第 **4** 章

DXを展開する
プラットフォーム
TULIP

4-1 Tulip社とは

　Tulip社は、数々のイノベーションを生み出しているマサチューセッツ工科大学（MIT）メディアラボを卒業したエンジニアのチームにより、2014年に創立された。そのプラットフォームは、工場での現場作業についてIoT（モノのインターネット）、マシンビジョン、人とコンピュータの相互作用、拡張現実（AR）、機械学習（ML）の専門家らによる10年以上にわたる研究成果をベースに開発されている。

欧州や米国では製造業で導入拡大中

　米ボストン近郊のサマービルにある本社は、かつて自動車大手、フォードの工場だったレンガ造の建物である。かなりの広さがあるため、オフィスはガラガラに近い。社員がオフィスで、自分の飼い犬を連れて歩くこともある。本社以外にはハンガリー・ブダペストとドイツ・ミュンヘンに拠点を持つ（**図4-1**）。

　Tulip社ウェブサイト：https://tulip.co

　日本との関わりとして、2019年にDMG森精機と資本・業務提携している。両者の出会いのきっかけは、毎年ドイツ・ハノーバーで開催されている世界最大級の産業技術見本市の「ハノーバーメッセ」。その後、2020年9月にDMG森精機の100％子会社として、私が社長を務めるT Project（東京都江東区）が誕生し、TULIPの日本における国内販売ならびにサポートを担うこととなった。

　TULIPは、ドイツを中心とした欧州や米国では特に知名度が高く、製造業への導入が進んでいる。非上場企業であるため業績は公開していないが、大企業や中小企業など導入先は500社以上に及ぶ。

　Tulip社は2024年で創業10年を迎えるスタートアップだが、私の知る限り、従業員300人程度の規模でハードウェアとソフトウェアの両方を手がける会社は他にない。ハードウェアだけ、ソフトウェアだけでも対応は簡単ではない。1社でハード、ソフト両方のエンジニアを集めて開発を進めるのは相当難しいことと考えている。

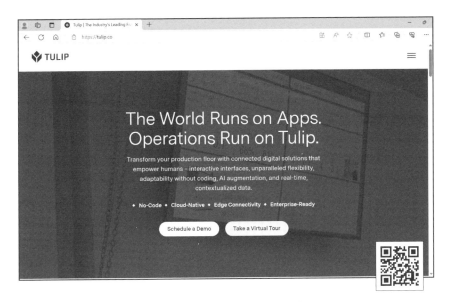

図4-1　Tulip社ホームページ

日本語を含めて多言語に対応

　同社製品の技術レベルの証としてすでに何度か述べているが、TULIPは米調査会社ガートナーが選ぶ「ガートナー・マジック・クアドラント（Gartner Magic Quadrant）」のMES部門で2021年、2022年、2023年と3年連続の「チャレンジャー」に選出されている。

　従来のMESとは違い、現場で自社に必要なアプリを作るプラットフォームであること、現場がローコードでMESの必要機能を実装するという観点から、Tulip社ではTULIPを次世代MESと位置づけている。ガートナーによれば、従来のMESに対し、TULIPは次世代MES分野における実行能力が高いということで「チャレンジャー」に選ばれた。

　ただ日本でサービス展開をする場合、英語と日本語という言葉の壁がどうしても存在するため、TULIPでは日本語を含めた多言語対応を充実させている。また同じ製造業といっても、米国やドイツと日本ではモノづくりの進め方や商習慣の違いもあり、そのための対応策も講じている。それがT Projectの役割だ。

写真4-1　TULIP体験センタの様子

デモ体験できる施設を国内に順次開設

　日本市場においてTULIPのきめ細かなユーザサポートを展開するために、DMG森精機が日本でのサポートチームを立ち上げ、それがT Projectという子会社になった。今ではTULIPの導入や活用促進についての相談、システムのデモ体験、セミナ、トレーニングなどが行える「TULIP体験センタ」（TULIP Experience Center＝TEC）をT Projectの東京本社はじめ、仙台、金沢、浜松、名古屋、奈良、岡山の各地に開設している（**写真4-1**）。

　一方で、TULIPのユーザ規模が拡大するにつれ、その交流を兼ねたイベントも開かれるようになった。

　2023年9月には、Tulip社のプライベートカンファレンスがボストン近郊の本社で開催された。それまではハノーバーメッセのような産業関連の展示会に自社ブースを出したり、欧米でのクラウドパートナであるAWSのブースに出展したりしたことはあったが、自社主催のカンファレンスは初めてだった。わずか1日のイベントではあったが、T Projectとしても参加し、当社のエンジニアも発表を行った。

　Tulip社の副社長との間では、「日本でも単独主催のイベントをやった方がいいのでは？」という話も出てきている。我々としてはTULIPの販売実績を積み上げながら、できれば日本でのカンファレンス開催も近い将来に実現させたいと考えている。

4-2 TULIPでできること

　TULIPの大きな特徴は6つある。以下、ここに詳細を挙げて紹介する。

特筆すべきは扱いやすさ

(1) ローコードで製造現場のアプリ作成

　まずプログラミング言語を使わずに、ローコードで現場が欲しいアプリを、現場で容易に作成できる点である（**図4-2**）。企業向けにさまざまなローコードプラットフォームが販売されているが、これらは経理や営業など事務用途中心でオフィスローコードと呼ばれている。それに対し、TULIPのように製造現場のデータ収集に対応できるローコードプラットフォームはほとんど存在していないように思う。

ウィジェットとというパーツ
を画面にレイアウト

ステップ（作業）の標準時間を登録

1画面＝1ステップ

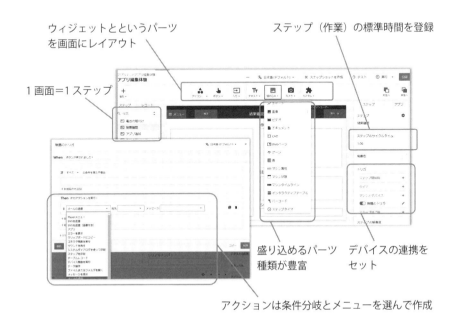

盛り込めるパーツ
種類が豊富

デバイスの連携を
セット

アクションは条件分岐とメニューを選んで作成

図4-2　ローコードプラットフォーム

(2) 文書・作業をデジタル化

2番目は手順書、品質チェックといった文書や作業がデジタル化できることだ（**図4-3**）。製造ラインに設置され、ヒューマンエラーなどによる作業ミスを物理的に防止する「ポカヨケ」や、改竄防止、入力ミス防止などに役立てられる。

(3) 産業用IoTからデータ取得

3番目は結構重要で、計測機器や産業用IoT（IIoT）機器に接続し、データを取得することができる。TULIPはガートナーの評価ではMESと区分けされているが、MESで一番大切になるのが、現場の設備や現場作業をデータ化する機器の部分だ。これまでは通信プロトコルが違っていたり、アナログの信号出力だったりして接続が難しいケースが多かった。

TULIPでは、「エッジIO（EdgeIO）」と名づけた黒い筐体の機器を提供している（**写真4-2**）。これには側面すべてにさまざまな種類の端子がくまなく配置された構成で、例えば製造設備を制御するPLC（プログラマブルロジックコントローラ）のデータを取得したり、電流の情報を取ったり、古い設備機械のデータも取得したりできるようになっている。エッジIOはデジタルデータ

写真4-2　エッジIOの外観と左側面より端子接続される例（写真右）

図4-3　作業指示書とチェックシートの機能をデジタル化（図3-15参照）

だけではなく、アナログの電流値なども取得可能だ。

　製造業においては計測機器や設備機械からのデータ収集で、このエッジ端末が重要な役割を果たす。しかも、あくまでも中継機の位置づけであり、データを蓄積したり解析したりする作業は行わない。クラウド側にそのままアップするため、機器にはほぼデータは存在しない。もちろん日本の無線通信規格に適合した証拠として「技適マーク」（技術基準適合証明）が筐体に貼られている。

　こうした機器まで自社のラインナップとして揃えているのがTulip社の長所で、ハードウェアとソフトウェアを両方とも開発・提供し、ユーザはTULIPの中だけで作業が完結できるのが大きな特徴である。

（4）上位・外部システムとのデータ連携容易に

　4番目が上位・外部システムと簡単にデータ連携しDXが図れること。MESの大きな特徴が現場のデータのデジタル化なのだが、実際には現場でデータ化するだけでは不十分で、上位のシステムや他のシステムにデータを渡せるかという部分がカギになる。例えばERPや受発注の仕組みにデータを渡したり、在庫管理システムや、予算と実績管理を行う生産予実管理システムにデータを転送したりして生産効率の測定などが行える。これには、WebAPIという外部とのインターフェースを持っていることが大きい（図4-4）。

（5）ダッシュボードにリアルタイム情報表示

　5番目が可視化で、蓄積したデータをアプリやパソコン画面上のダッシュボードにわかりやすく、リアルタイムに状況を表示できる（図4-5）。

（6）クラウドの最新技術活用も

　6番目はクラウドサービスとの連携。クラウド側が提供する最新技術とデータを活用すれば、DXが進めやすい。ただ、国内の製造業のシステムでは自社保有のオンプレミスシステムがまだまだ主流であり、大企業の工場に行くと、クラウドを使った場合にネットワークに接続できなくなったらどうするのかと心配する声もよく聞かれる。

▧ 2週間に一度のペースで新機能を追加

　TULIPの場合、製造ラインを制御するわけではなく、ネットワークがラインを停止させるようなことはない。現場のデータ収集が目的のため、クラウドベースの利用でまったく問題はないと思っている。

　ただ、そういうことを知らない、にわかIT知識を持っている製造業の人た

図4-4　WebAPIを介したデータ連携例

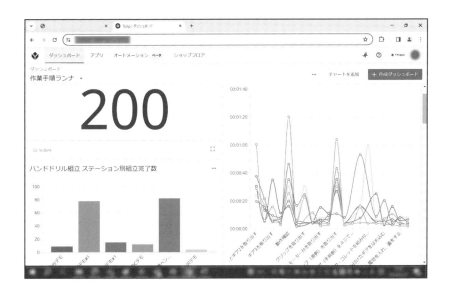

図4-5　作業実績のリアルタイム表示例

ちが、昔のやり方を引きずって「ウチはラインを止められないからクラウドなど使えない」と言ったりする場合が多い。もちろん過去に現場でクラウド利用が禁止されていたのは事実だが、今はほとんどの会社がクラウドを現場で使うようになっている。

　以上のような理由で、TULIPは現場の「エッジIO」端末以外はすべてクラウドにリソースが存在する。クラウドにあることでソフトウェアのバージョンアップも簡単に実施できる。これまでのオンプレミスの仕組みでは、企業ごとのオンプレミスにアップデートをかけるため、ある会社のシステムで動作しなくなることが起こっていた。しかし、TULIPはクラウドで全部一括管理しているため、バージョンアップも安全に行える。

　さらに、にわかには信じられないかもしれないが、2週間に一回のペースで機能の追加やバージョンアップが実施されている。そのせいもあって、操作マニュアルが存在しない。もともと、UIが直感的でマニュアルを作っている暇がない、というか時間的に間に合わないためだ。

AIと人間の相互補完も実現へ

　セールスフォースなども同じような方向だが、システムの追加機能についてのマニュアルはなく、コミュニティサイトでの議論に基づき、どんどん新しい機能が追加され、それらを使っていくことになっている。

　私が2023年9月にTulip社のプライベートカンファレンスに参加した際にも、TULIPにAIを搭載してローコードのプログラムを組むような実証実験がスタートしていた。人間の指示に基づいてAIがプログラムを生成し、なおかつ人間側ではローコードで生成プログラムを修正することができる。

　AIに限らず、技術の進歩とともに新しい機能がTULIPに次々と盛り込まれ、プラットフォーム自体が進化を遂げていくことになる。

4-3 システムを構成する要素

TULIPは大きく4つのコンポーネントで構成されている（**図4-6**）。

1つ目はアプリを作るための「TULIPアップ・エディタ（TULIP App Editor）」。グーグルの「クローム」ブラウザの上で動作する。TULIPのクラウドにアクセスし、プログラミング言語を使わないノーコードの手法で、まるでパワーポイントを作成するように直感的なやり方でアプリを開発できる。

2つ目が「TULIPプレーヤ（TULIP Player）」。これはどこからでもアプリを閲覧できるブラウザのような機能を提供する。しかも、ウィンドウズでもマッキントッシュでも、アンドロイド端末でもiPadでも動作が可能。サクサク動く、非常に軽いブラウザと考えればいい。TULIPのクラウドにセキュアな形でアクセスし、必要なデータを端末側の画面に表示できる。

IoT機器や基幹システムとも連携

3つ目が前出の「エッジIO」を含め、IoT機器と連携するための機能になる。その側面にはさまざまな機器と接続してデータを取れるよう、ADCs（DIFF/

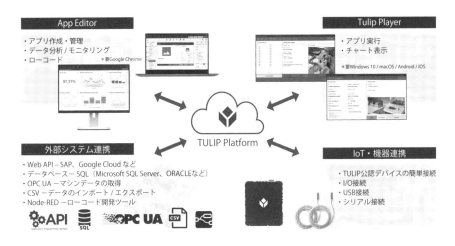

図4-6　TULIPのシステム構成図

SAR/CS）、GPIN（8ピン 0-36V）、GPO（4ピン 24V/0.5A）、シリアル（D-sub 9pin）、ライトキット（2チャンネル）、USB 6ポート、HDMI（mini-HDMI）と、さまざまなインターフェースを備える。欧州で主流となっているOPC UAのほか、日本の工作機械メーカの通信プロトコルにも対応する。

　4つ目の機能として、TULIPが各工場のデータを一元管理・運用するだけでなく、本社の基幹システムなど上位のシステムと連携する機能を持つ。これら4つがTULIPを構成する要素となる。

　一方、クラウドサービスについては欧米がAWS、日本がマイクロソフトのAzureとなるが、グーグルクラウド上のシステムと連携するときにはWebAPIを使ってデータのやり取りを行うことになる。

　実際にはまだ実例がないのだが、TULIPはオープンソースのソフトウェアでサービスが作られているため、グーグルクラウド上でも稼働すると想定されている。AzureのクラウドとAWSのクラウド上ではまったく同じコードで組まれたTULIPが運用されている。グローバルではまだ正式にサポートされていないが、グーグルクラウドでのサービス提供の要望があった場合には、対応していくことも十分考えられる。

▤ マルチクラウド対応型のサービス

　個人的には、同一のソフトウェアが複数種類のクラウドで動いているサービスを、TULIPで初めて目にした。TULIPではオープンソースを活用することで、どんなインフラでも動くような作りになっているのだ。この辺りが次世代MESと位置づけられる理由の一つでもあろう。他の例ではAWS上で金融システムを開発・運用する場合、万が一AWSに障害が発生したら携帯通信のローミングのように、例えばAzure上のまったく同じ機能が立ち上がるような仕掛けが必要ではないか、とも言われている。TULIPはそれを見据えてマルチクラウド対応になったのかどうかわからないが、そうしたことが可能なアーキテクチャで作られている。

　日本の場合はとりあえずAzureだけに運用しているが、実際の話、日本のAWSからAWS版のサポート要請も来ている。日本の顧客はAWSかAzureかということをあまり言わないが、顧客側がAWSでやりたいというのであれば対応は可能だ。日本でAWSとAzureの両方のクラウドサービス向けに展開することもあり得るだろう。

4-4 適用事例に見るペーパーレス &プロセス自動化の効果

以下、TULIP の活用事例をいくつか紹介しよう。

工作機械、エネルギー・インフラ、油圧機器向けの部品を製造する松江山本金属株式会社（大阪市平野区）では、業務のデジタル化推進の一環として、TULIP を使い三次元測定器の測定結果を検査成績書に自動で記載する仕組みを作り上げた。

計測データの直接取り込みでペーパーレス

同社ではこれまで、測定結果の出力データを担当者がパソコン画面で見ながら、表計算ソフトのファイルに手作業で入力していた。ところが、記入欄や数字を間違えることがあり、TULIP で工程の自動化に取り組んだ。プレゼン資料を作るような感覚でプログラムが作れるローコードツールを使い、三次元測定器の測定結果が検査成績書の該当箇所に直接入力されるようプログラミングしたところ、ヒューマンエラーによるミスの可能性をゼロにすることができた。作業時間も 2 〜 3 時間かかっていたのが、準備を含めても 30 分ほどに短縮されたとのことだ。

検査成績書も印刷して製品に同梱するのではなく、TULIP からデータ送信できるため、発注元の了解が得られれば検査成績書の納品まで含めたペーパーレス化にも対応する見通しだ。

マルチアイテム自動搬送システム「M−TRAX」といった工場自動化（FA）システムを手がけるエムテック株式会社（岡山市東区）でも、ハーネス（コネクタとコネクタの間を接続する配線の集まり）を検査する最終工程に TULIP を導入した（**図4-7**）。計測データをそのまま TULIP に取り込むことで、紙に記入する手間を省いている。TULIP の適用分野の拡大も進め、制御盤の製作工程でも TULIP が活用できるか検討を進めるとしている。

物流機器運行状況の見える化

T Project の親会社である DMG 森精機でも、TULIP の活用が生産・品質管

図4-7　ハーネスの検査工程に導入し紙への入力を廃した例（エムテック）

理・点検業務にまで広がっている。中には、物流分野の改善にまで踏み込む事例も出てきた。伊賀事業所（三重県伊賀市）で取り組む「フォークリフト運行状況の見える化」だ（**図4-8**）。

同事業所内で工作機械の主軸工場の加工エリアには、フォークリフトが1台常設されている。以前は使用者が待機場まで歩いて行き、フォークリフトが使われていない場合は使用し、使用後に手書きで運転日報に必要事項を記録する方式を採用していた。しかし、実際に待機場まで足を運んでみないと、フォークリフトが空いているかどうかわからず、使い勝手の面で課題があった。

さらに、手書きの日報は文字が読みづらい場合があり、フォークリフトに傷などの異常が見つかったような際に日報に記入しようとしても、そもそも十分なスペースがなく、情報が正しく伝わらないこともあった。

そこでTULIPのアプリを作成し、それをデジタル版の運転日報として運用

図4-8　フォークリフトの運行状況を見える化して物流改善した例（DMG森精機）

を開始。使用する場合は社員番号をQRコードで読み取り、作業内容を画面から選択した上で「開始」「終了」ボタンを押すだけの運用にした。使用時間は自動集計され、フォークリフトの使用状況もスマートフォンやタブレットの画面から確認に行え、待機場まで実機があるか確認しに行く手間が不要になった。

　フォークリフトに何か異常が見つかった場合も、タブレットで写真を撮影し、関係者に自動メール配信を行い、伝えたい情報を確実に伝えられるようにしてある。

　TULIPで集計された運転データをもとに、各自がフォークリフトを運転するそれまでの運用も改めた。専任作業者に運搬業務を集約することで、工場全体の物流業務の効率化にもつなげられたという。

　TULIPの国内での最新活用事例：https://tprj.co.jp/case/

海外での冷凍食品メーカの稼働実績収集に利用

一方、先行する海外では、さまざまな産業分野でTULIPの活用が進む。ある冷凍食品メーカではTULIPによって工場の稼働状況の可視化の改善と処理能力の向上につながった。

もともとこの会社の生産設備は高度に自動化されていたが、機器がダウンするたびに復旧に当たるオペレーションチームがその原因やダウンタイムを紙に記録していた。ところが、記録を残すことより設備の復旧が優先されたため、記入情報が不正確なことが多く、集計も困難だった。

そこでTulip社と共同で、シンプルな工場可視化ソリューションの開発に乗り出す。設備機器が障害情報を発すると、その機器に接続されたTULIPがオペレータにアラームを発し、問題に素早く対処できるようになったという。原因の記載についても、機器が正常な稼働状態に戻った後で、TULIP画面の原因リストからダウンタイムの理由を記録する方法に変更した。

こうした過去のイベントデータを集計し、工場全体の設備機器のパフォーマンスに関する傾向をオペレーションチームに提供することで、チームはどの問題が最も時間がかかる障害を引き起こしているかを確認でき、改善努力に優先順位をつけることができるようになった。

次の段階として、TULIPと生産管理パッケージとの統合も進めている。これにより、予定されている作業指示からデータを引き出すことが可能となり、オペレーションチームはより効率的なスケジュールと生産計画を立てることができるようになるとしている。

海外での製薬業界におけるログブックの電子化例

医療業界では、世界トップ10に入る製薬会社がTulip社と共同でログブック（機器使用台帳や機器点検記録など）の電子化に踏み切り、コンプライアンス（法制順守）の負担軽減につなげることができた。

人の生命や健康に直結する製品を扱う製薬業界では、以前からデータの偽装や改竄といった不正を排除し、データの完全性と正確性を客観的に担保する「データインテグリティ」の重要性が広く認識され、そのための厳格な規制やデータ管理の手順などが定められている。

その副作用とも言えるのが、処理し切れないほど膨大な紙文書が発生することだった。無菌室に紙のログブックを持ち込む際には、完全防備したガウンの

着用や消毒などの手順を踏まなければならず、そのための手間や時間が大きな負担になっていた。

　それに対し、同社と Tulip 社とで共同開発したデジタルログブック「e-Logbooks」では、作業が発生した時点でデータ収集が行われ、TULIP のアプリで誰がいつ作業を完了したか、電子署名があるかどうか、さらに変更があった場合はその日時を自動的に記録できる。さらにオペレータは、建物の場所や機器の状態などをドロップダウンメニューから選択し、ログを素早く記入できるため、データ入力ミスも防げるようになった。

　デジタルログブックの登場で、紙のログブックにアクセスするため無菌室に入る時間をゼロにできた。さらに、こうした各拠点での TULIP とのやり取りはすべて監査証跡となるため、コンプライアンスの負担軽減にもつなげられる。

　次のステップでは、電子バッチ記録のために人間と機械からのデータの自動取得にも取り組む。中間作業者を排除し、誤ったデータ入力のリスクを減らすだけでなく、オペレータがより重要な任務に集中できるようになるとしている。

データ収集→分析→業務改革のサイクルを回し続ける

　コンプライアンスの求められる職場や業務ほど、紙による厳格かつ客観的な記録が重視される一方で、業務の煩雑さから効率性やリアルタイムの情報共有がより難しくなっている。

　TULIP は本来、製造現場での業務改革を目的に開発されたものだが、ペーパーレスかつプロセスのデジタル化や、データの自動収集・入力・分析にも使えることから、製造現場に限らず今後ともさまざまな分野で多様な応用事例が出てくることだろう。

　TULIP の海外での活用事例：https://tulip.co/case-studies/

▤ おわりに

　冒頭にも書いたが、私は国内のIT業界に約30年在籍し、エンジニアからコンサルタント、営業職をこなしてきた。ただ、製造業を直接担当した経験はなく、金融機関や不動産業界、日本の製造業が欧州で展開する販売子会社のシステム化に携わった程度に過ぎない。

　2019年に初めてTULIPを見た際、どこに惹かれたかというと、全体がオープンソースで開発されている点だった。私がソフトウェアエンジニアとしてシステム開発に携わっていた頃は、それこそウォーターフォール方式でずっと進めていた。そのため要件定義をして3年後にシステムをリリースしたと思ったら、開発当初とはビジネス環境が一変してしまい、当時ですら顧客にずいぶん怒られたこともあった。

　TULIPでは変化や課題に対し顧客側で素早く対処できるよう、ソフトウェアの専門家でなくとも短期間でアプリが開発できるローコードを採用している。しかも、ソフトウェアプラットフォーム全体をオープンソースで開発したのは驚くべきことだ。また300人程度のスタートアップではあるが、ソフトウェアだけではなくハードウェア（EdgeIO）も提供し、すべての製造で利用できるのには、感動さえ覚えたものだ。

　そこには、グローバルスタンダードを目指す経営陣や開発者の明確な意志が感じとれる。逆に日本発のソフトウェアで、デファクトスタンダードになるような製品は出ていない。いや、残念ながら今後も出てこないだろう。その違いは単に言葉の問題ではないと思う。

　最初からグローバルスタンダードになることをとことん考え、特定の会社の技術に依存しないというアプローチは表向きシンプルで、潔いだけではない。スケール（規模拡大）しやすいという意味でビジネス上も有利に働く。この先TULIPは、例えて言うならセールスフォースのような存在になっていくのではないか。製造業の世界で、欧米そして日本の会社も含め、現場のデータは

TULIPを介してやり取りされる時代が来ると予測している。

　日本の製造業の方々にも、製造分野のグローバルスタンダードとなっていくTULIPのソリューションをぜひ使っていただき、自社の業務改善や生産性向上、ITのチームビルディングなどに大いに役立てていってもらいたい。そして、グローバルスタンダードのプラットフォームを糧に、新たな形の製造業がそれこそチューリップのように花開いていってほしいと願う。

2024年6月

荒谷 茂伸

▤ 参考文献

1) 三菱総合研究所、「IMD『世界競争力年鑑』2023年版からみる日本の競争力　第1回：データ解説編・第2回：分析編」(https://www.mri.co.jp/knowledge/insight/20231024.html　および　https://www.mri.co.jp/knowledge/insight/20231030.html)

2) 読売新聞オンライン、「EV充電、北米でテスラ式優勢…『データの宝庫』総取りに懸念も」(https://www.yomiuri.co.jp/economy/20230924-OYT1T50259/2/)

3) インプレス IT Leaders、「HPグーグルの巨大システムにみる大規模な並列処理機構の可能性」(https://it.impress.co.jp/articles/-/8993)

4) 朝日新聞デジタル、「(いちからわかる！) 半導体産業、日本の立ち位置は？」(https://digital.asahi.com/articles/DA3S15800486.html?iref＝pc_ss_date_article)

5) 湯之上隆、「日本『半導体』敗戦」、メディアタブレット

6) 令和4年度内閣府委託事業、「我が国が戦略的に育てるべき安全・安心の確保に係る重要技術等の検討業務　個別調査分析1健康・医療」(https://www8.cao.go.jp/cstp/stmain/pdf/20230314thinktank/seikabutsu/shiryou2-2-08.pdf)

7) 経済産業省デジタルトランスフォーメーションに向けた研究会、「DXレポート～ITシステム『2025年の崖』の克服とDXの本格的な展開」(https://www.meti.go.jp/shingikai/mono_info_service/digital_transformation/pdf/20180907_02.pdf)

8) ガートナー、「マジック・クアドラント」のカテゴリー (https://www.gartner.co.jp/ja/research/methodologies/magic-quadrants-research)

9) 朝日新聞デジタル、「政府クラウドに初の日本企業　さくらインターネット、要件変更受け応募」(https://digital.asahi.com/articles/DA3S15804361.html?iref＝pc_ss_date_article)

10) 一般社団法人電子情報技術産業協会、「生成AI市場の世界需要額見通しを発表」(https://www.jeita.or.jp/cgi-bin/topics/detail.cgi?n＝4724&ca＝1)

索 引

〈著者紹介〉

荒谷 茂伸（あらや しげのぶ）

T Project　代表取締役

1966年生まれ。北海道大学工学修士課程修了後、1990年、システムコンサルティング会社（等松トゥシュロスコンサルティング：現デロイトトーマツコンサルティング）に入社。金融システム、製造業販売システムや不動産システムなどのシステム導入コンサルティング・開発に携わる。また、在職中は海外日系企業のシステムサポートとしてイギリス・オランダに約3年駐在。システム化の方法論を身に着け、ユーザ系のシステム会社に転職。コンサルティングの立場ではなく、現場でのシステム化に従事。その後、インターネットの普及にはセキュリティが必要不可欠になると考え、2003年、日本ベリサイン（現：日本デジサート）へ転職。セキュリティコンサルティングやソリューション営業に従事。マザーズ（当時）上場時には執行役員を務める。その後、日本ベリサインの子会社の代表取締役に就任。2010年、システムコンサルティング会社を自ら設立し、金融システムやインターネットセキュリティのコンサルティングなどを行う。2020年、TULIPの日本展開を行うためDMG森精機入社（2019年、Tulip社と業務資本提携）。2020年9月、T Projectを設立して代表取締役に就任。

誰も教えてくれない製造業 DX 成功の秘訣　　NDC509.6

2024年6月30日　初版1刷発行　　　　　　　　定価はカバーに表示されております。

　　　　　　　　　　　　　© 著　者　荒　谷　茂　伸
　　　　　　　　　　　　　発行者　井　水　治　博
　　　　　　　　　　　　　発行所　日 刊 工 業 新 聞 社

〒103-8548　東京都中央区日本橋小網町14-1
電話　書籍編集部　　03-5644-7490
　　　販売・管理部　03-5644-7403
　　　FAX　　　　　03-5644-7400
振替口座　00190-2-186076
URL　https://pub.nikkan.co.jp/
e-mail　info_shuppan@nikkan.tech

印刷・製本　新日本印刷